Karl Friedrich Kretschmann

**Literarischer Briefwechsel an eine Freundin**

Karl Friedrich Kretschmann

**Literarischer Briefwechsel an eine Freundin**

ISBN/EAN: 9783743615151

Hergestellt in Europa, USA, Kanada, Australien, Japan

Cover: Foto ©Thomas Meinert / pixelio.de

Weitere Bücher finden Sie auf **www.hansebooks.com**

# Claudian:

von

## K. F. Kretschmann.

Schubert del.                    Geyser sc.

### Zittau,
bei J. D. Schöps.
*1797.*

# Litterarischer Briefwechsel

# an

# eine Freundin.

---

## Claudian.

---

## Von
## Karl Friedrich Kretschmann.

---

### Erster Theil.
### Mit einem Titelkupfer.

---

Zittau und Leipzig,
bei Johann David Schöps
1797.

# Claudian.

## Erster Brief.

So ists Recht, wenns ist, wie ichs haben
will! Zwar vor etlichen Wochen schon versprach ich Ihnen, meine theuerste Freundin,
einen eignen litterarischen Briefwechsel anzu-
fangen, und Sie darin mit meinen geliebten
alten Römern, deren schriftstellerischer Werth
die Prüfung so vieler Jahrhunderte über-
standen hat, bekannter zu machen: allein ich
schien dieses Versprechen vergessen zu haben;
meine Freundin wartete von Tage zu Tage,
bis endlich der Reichthum aller Langmuth und
Geduld, (der Ihrem schönen Geschlechte so
vorzüglich eigen ist,) erschöpft war, und Sie
mir in Ihrer leztern lieben Zuschrift (gar
nicht unvermuthet,) zu verstehn gaben, ent-

din müsse des versprochenen Unter-
nehmens nicht werth seyn.

Was werden Sie nun wohl sagen, wenn
ich Ihnen frei gestehe, diese kleine Ungeduld
sei mir lieb, sei sogar noch der entscheidende
Grund gewesen, auf den ich mit Anhebung
meiner philologischen Briefe gewartet habe?
Für einen Virtuosen-Stolz, sich um eine
und die nehmliche Sache mehrmals vergeblich
bitten zu lassen, dürfen Sie mein Stillschweigen schlechterdings nicht erklären: denn erstlich bin ich in diesem Fache noch lange kein
Virtuos, sondern ein bloßer Dilettant; zweitens wissen Sie ja schon seit unsrer mehrjäh-
rigen Bekanntschaft, daß ich dergleichen über-
müthiger Ziererei von Herzen gram bin.
Eben so wenig war es Neckerei, und noch
weniger Reue. Ich schwieg (das können Sie
mir so fest glauben, als das Jawort Ihres
künftigen Bräutigams am Altare,) bloß des-
wegen, um Ihren Beruf zu dieser Art von
Kenntnissen auf die erste Probe zu stellen:
Denn, offenherzig gestanden, er hat deren
mehrere. Selten, höchstselten erwacht in einer
weiblichen Brust der Wunsch, das Museum

der Alten im Ernst zu betreten, und jene treff,
lichen Schriftsteller im Geist und in der Wahr,
heit kennen zu lernen; selten, und noch weit
seltner erstreckt sich dieser Wunsch über die
Grenzen einer bloßen Neugier, so wie Ihr
lieben Mädchen etwa eine alte Rüstkammer,
ja wohl gar einen Antikensaal durchspazieret,
die großen Sättel und Steigbügel, so wie die
großen Formen der verstümmelten Bildsäulen,
eins so sehr wie das andre bewundert, und
es damit gut und vorbei seyn laßt. Aber der
Zweck eines litterarischen Briefwechsels zwi,
schen Ihnen und mir, meine Freundin, sollte
ernster gemeint seyn, sollte nicht nur Ihre
Neugier, sondern auch Ihre Kenntnisse be,
absichten, sollte Ihren Geschmack befestigen,
Ihnen den Maßstab zwischen jenem Geiste
und dem unsrigen in die Hand geben, und
Sie endlich zu dem auf Ueberzeugung gegrün,
deten Geständnisse führen, daß, was wahre
Größe anbetrifft, jene herrlichen Schriftsteller
noch unübertroffen sind, und wir mit allen
unsern Bestreben, Fähigkeiten, und Stolze,
dennoch Mühe haben ihnen nachzukommen.
Wie oft werden Sie in dem Schönsten, was
in diesem oder jenem Werke unsrer neuen
Schriftsteller glänzt, nur offenbare oder ver,

ſtecktere Nachahmung eines jener vortrefflichen
Alten, wie oft gleichſam nur ein Gebäude
finden, deſſen trefflichſte Partien aus jenen
Bruchſtücken zuſammengeſezt ſind! Sie wer=
den Sich augenſcheinlich überzeugen, welcher
Unterſchied es von jenem Pantheon bis zum
runden Luſthäuschen unſrer engliſchen Parks
iſt, das mit jenem prächtigen Koloß nichts
ähnliches als eine nachgeäffte winzige Kuppel
hat, die ihr Licht auf einen Kaffeetiſch oder
auf eine Spielgeſellſchaft wirft; ja, Sie wer=
den endlich den Glauben, der Ihnen bis izt
noch ſo ſchwer fiel, erhalten, daß (wie ſchon
die vortreffliche Sevigne bemerkte,) die Neuern
bloß artiger, die Alten aber größer und ſchö=
ner ſind.

Alle dieſe Vorausſetzungen und Zweifel he=
ben ſich nun durch Ihre beharrliche Ungeduld
von ſelbſt. So wie die ehrwürdigen Geiſter
Laziums wohl werth ſind, von der Nachwelt
Gerechtigkeit und Bewunderung zu erhalten;
ſo verdient es auch eine ſo ſchöne weibliche
Seele, wie meine liebe \*\*\* iſt, den Werth
dieſer großen römiſchen Dichter (auf welche
ſich für izt, wie Sie Sich entſinnen werden,
unſere Verabredung allein einſchränkt,) ge=
nauer kennen zu lernen. Ob wir durch einen

bloßen Briefwechsel diese Absicht ganz erschöp-
fen werden, das ist freilich noch eine verzwei-
felte Nebenfrage: aber die andern Wege, die
ich Ihnen zu diesen Kenntnissen vorschlagen
könnte, sind warlich so beschaffen, daß ich
sie einem lieben zarten Mädchen nicht einmal
vorschlagen will. Inzwischen, eine kleine
geographische Beschreibung davon, kann doch
wohl auch nicht schaden.

Der erste geradeste Weg wäre freilich der,
durch die grammatische Erlernung der Römischen Sprache selbst. Allein, wie wir es damit getrieben haben und noch treiben; so vergeht ziemlich der vierte Theil eines Menschen-
alters, eh wir dahin gelangen, daß wir einen
alten Römer buchstäblich verstehn lernen.
Freilich ist mir, und wohl jedem andern, der
unpartheyisch hierüber nachgedacht hat, unbegreiflich, warum wir uns diesen Weg selber
so verlängern und erschweren, da wir doch tag-
täglich die glückliche Leichtigkeit bemerken, mit
welcher Kinder sogar, die eben so reiche und
schwere französische oder welsche Sprache, erst
sprechen, dann lesen und endlich schreiben lernen, ohne daß es eines so ungeheuern Zeit-
aufwandes bedürfte. Das ganze Geheimniß

liegt in der lebendigen Uebung, wobei sich die
Grammatik, so weit es nothwendig ist, wohl
von selbst erlernt: aber bei den alten Sprachen fangen wir ganz verkehrt mit der trocknen leblosen Grammatik an, und gelangen
nach vielen verschwendeten Jahren erst mit
Kummer und Noth zur Uebung, von da es noch
ein gar weiter Weg bis zu völligem Verständniß und Genusse der Autoren selbst ist. Der
Einwand, dieses wären lebendige, jenes nur
eine todte Sprache, heist so viel wie nichts.
Man brauche nur bei ihrer Erlernung die
Methode von jenen! Aber es scheint, es sei
uns weit weniger daran gelegen die alten
Sprachen selbst, als nur ihre Grammatiken
zu lernen. Daher größten Theils, kömmt
die Abnahme dieser Litteratur, worüber man
schon so lange geklagt hat: denn der Jüngling, von Kindesgebeinen an mit bloßer gram-
matischer Analyse der edelsten Werke des Alter-
thums gepeinigt, bekömmt endlich dargegen
einen unüberwindlichen Widerwillen; sieht den
scharfsinnigen Cicero, den prächtigen Livius,
den so viel mit wenig sagenden Tacitus, den
geistreichen Horaz ꝛc. bloß für lästige Schul-
meister an, die ihm manchen Schweiß, man-
che Stunde voll Angst gekostet haben, und

dankt dem Himmel, wenn er endlich von ihrer Lektüre erlößt ist. Was Wunder auch? Man gab ihm ja nur die Schalen aufzuknacken, und entzog ihm den süßen Genuß des Kerns. — O Freundin! wie dürfte man so keck seyn, Ihrem zärtern Geschlechte diese ermüdende Wanderschaft vorzuschlagen, auf welcher nur seine Ausnahmen, eine Schurmannin, Dacier, Erxlebin, Gottschedin, oder Reiskin ꝛc. ohne Schande fortgekommen sind?

Der zweite Weg, um zur Bekanntschaft des litterarischen Roms zu gelangen, ist für jeden, der jene Straße scheut, oder nicht ge= hen darf noch kann, der Ausweg der Ueber= setzungen. Alle aufgeklärte Nazionen haben dergleichen; und auch wir Teutschen besitzen sie von sehr vielen der auf uns gekommenen lateinischen Schriftsteller; von manchem sogar in zwei= bis dreimal wiederholten Versuchen. Ueberall aber heist es im Durchschnitt von ihnen:

— — schlimmes mit gutem vermengt.

Einige zwar sind vortrefflich; mehrere mittel= mäßig; die meisten schlecht; in den wenigsten findet man das g a n z e Original wieder. Zu glücklicher Uebersetzung eines Genies aus dem

Alterthum, gehört warlich ein fast eben so großes Genie; ja, was den Aufwand an Verständniß und Mühe anbelangt, so weiß ich nicht, ob es schwerer sei ein gutes Original, oder eine gute Uebersetzung zu liefern? Leider aber ist an den meisten, ja sogar nicht einmal an den schlimmsten, dieser Uebersetzungs-Versuche der kritische Fluch sichtbar: Uebersetze alle Worte, und triff sie nicht! Sie sind wie der Pudel: treu; aber ein häßliches Thier. Auf der andern Seite betrachtet, muß ein preißwürdiger Uebersetzer nicht nur nichts verschlimmern, sondern auch nichts verschönern; sonst produzirt er nur sich, und nicht sein Original. Es ist wie mit der Porträt-Malerei: wir verlangen nicht nur die Nachbildung des äußerlichen Umrisses, sondern auch gerade diese Farbe, diesen Nasenbug, diese Gesichtszüge, selbst diese Blatternarbe oder Warze; kurz alles das Charakteristische und Individuelle, wodurch der abgeschilderte Mann nur dieser und kein anderer ist. Sei das Bild noch so ein treffliches Kunstwerk; es ist doch kein Porträt! Ich besaß den genau getroffenen Schattenriß eines meiner schätzbarsten Freunde, der sein verschnittnes Haar in natürlicher Locke trug. Der Schattenriß ward schadhaft, und ich gab ihn einem andern Silhouetteur zur Abzeichnung. Dieser lieferte mir durch seinen Storchschnabel zwar das völlige Profil getreu zurück: aber er hatte den Kopf mit einer modischen Vergette geputzt, auch mit einem Haarbeutel ausstaffirt: von nun an war das Bild für jedermann völlig unkenntlich; unsre vertrautesten Bekannte fragten nach langer Beschauung noch immer: „Wer soll das seyn?"

Deßwegen nun, liebste Freundin, kann ich Ihnen zu keinem der beschriebenen beiden Wege rathen; dieser ist unsicher, jener allzu beschwerlich. Aber kommen Sie, Freundin, reichen Sie mir die Hand! Ich habe einen Nebenweg wahrgenommen, den der freundschaftlichen Unterhaltung, auf dem wir doch wohl auch zum Ziele gelangen wollen. Von heut an machen wir also den Anfang unsers litterarischen Spazierganges. Es ist auf keine Reise rund um die Welt angelegt.

Wo wenden wir uns nun aber gleich zuerst hin? Welchen Dichter wählen wir zuerst? — Halten wir uns an die von den alten Litteratoren festgesetzte Klassifikazion des güldenen, silbernen, ehernen und eisernen Zeitalters? —

Oder überlaffen wir uns geradezu dem lieben Ungefähr? — Bei dem erftern Vorschlage, fürchte ich, möchte Ihnen das bekannte biblifche Nebukadnezar - Bild einfallen: ich ftimme alfo lieber für das leztere, den großen Veranftalter fo vieler Dinge in unfrer Welt, die am Ende doch auch nicht übel gerathen. Als ich Ihnen neulich bei Ihrer Toilette meinen Morgenbefuch machte, (wiffen Sie noch?) da war die große Frage, ob gerade heut die Schwungfeder, die Sultane oder der Esprit am fchicklichften feyn würde: und fiehe da! Sie wählten endlich, was eben am fchicklichften war, — gerade das Erfte das Befte. So, meine Freundin, wollen wir es auch izt machen.

Alfo, der erfte der befte Römer, der mir aus meinem Bücherfchranke in die Hände fällt! Claudian fei für heut unfer Mann! — Zuerft ein Paar Worte von ihm felbft und feinen Lebensumftänden, damit Sie doch wiffen, (was man überall, fei es Befuch, Begegnung oder Lektüre, fo gern wiffen mag,) was für einen Menfchen ich heut in Ihre Bekanntfchaft bringe. Lange wird das nicht aufhalten: denn wir wiffen felber nicht gar zu viel von ihm.

Seine Lebensjahre fielen in die Regierung des Kaisers Theodosius, und seiner beiden Nachfolger und Söhne, Arcadius und Honorius. Er nennt sich selbst einen gebornen Aegypter: doch waren seine Aeltern römischen Geschlechts, und hatten sich dort aus irgend einer Veranlassung häuslich niedergelassen. Seine Geburtsstadt war Alexandria. Noch in seiner Jugend kam er nach Rom, wo er endlich Kriegstribun, und bei dem Kaiser Honorius, Notar oder Geheimsekretär würde. Sein übriges Schicksal, so wie die Zeit seines Ablebens, sind unbekannt. So sehr auch schon dazumal die schöne Litteratur im Verfalle stand; so erwarben ihm doch seine Gedichte großen Ruhm: auch war es kein völlig unverdienter Zoll, den ihm dadurch sein Zeitalter brachte, obgleich der Lobspruch, den ihm ein noch vorhandenes griechisches Epigramm giebt, daß er Virgils Geist und Homers Muse in sich vereinige, warlich zu übertrieben ist. Die Hochachtung, die ihm seine Schriften erwarben, war so groß und allgemein, daß man ihm sogar noch bei seinen Lebzeiten, auf öffentlichen Antrag des Senats, und im Namen leztgedachter beiden Kaiser, ein Standbild von Bronze errichtete.

Fällt Ihnen denn hiebei nicht der gewaltige Unterschied des Genius jener, und unserer Zeit auf? Diese Römer, selbst im zunehmenden Verfall ihrer politischen und litterarischen Größe, waren noch immer Römer genung, um einen Dichter, der ihnen gefiel, schon bei seinen Lebzeiten so ausgezeichnet zu ehren: und in unserm großen blühenden Teutschlande ists noch bis itzt nicht möglich gewesen, die Subscripzion für ein Monument unsers Lessings, des ersten aller unsrer Schriftsteller, zu Stande zu bringen! — Das Standbild haben freilich nachhero die Barbaren zertrümmert: aber das marmorne Piedestal fand sich im Jahre 1493. wieder. Nächst ausdrücklicher Anführung seines Namens, besagte die darauf befindliche Inschrift: „daß, ungeachtet für seinen immerwährenden Nachruhm seine Gedichte schon hinlänglich wären, dennoch die hochbeglückten und allergelehrtesten Kaiser und Herrn, Arcadius und Honorius, zu Zeugniß und Steuer der Wahrheit, auf beschehene Bitte des Senats, dieses Standbild im Forum des Höchstseeligen Trajans zu errichten anbefahlen.“

Ein großer Streit entstand unter den ältern Kritikern darüber, ob Claudian ein Christ ge-

wefen fei oder nicht? Das intereffirt uns nun
ißt blutwenig; befonders auch darum, da das
Chriftenthum an und für fich wohl keine An=
wartſchaft auf poetiſchen Vorzug giebt, und
die verdammten Heiden dennoch ſo allerliebſte
Gedichte machten. Zwar, ſeine Gönner und
Herrn, die Kaiſer Arcadius und Honorius,
waren ungezweifelt nach ihrer Art Chriſten:
aber ſie und ihre Nachfolger (was zu ihrem
großen Ruhme geſagt ſei,) waren auch tole=
rant genung, um ſelbſt einen brauchbaren und
verdienſtvollen Anbeter Jupiters ihrer Gnade
und einer weitern Beförderung würdig zu ach=
ten. Mehr als wahrſcheinlich trug dieſer Zug
des ächtchriftlichen Geiſtes, ein vieles zu Be=
förderung und Ausbreitung unſrer Religion
bei. Sei das inzwiſchen, wie es ſeyn kann;
genung unſer Claudian war ganz gewiß kein
Chriſt: denn, ungeachtet man unter ſeinem
Namen ein Oſtergedicht, ein Lob Chriſti, und
ein kleines Poem über die Wunder des Erlö=
ſers hat, oder zu haben meint; ſo verſichern
doch Schriftſteller, die wegen Nähe der Zeit
dieſen Umſtand genauer wiſſen konnten, daß
er einer der allerhartnäckigſten Heiden geweſen
wäre. Das beſtätigt auch der erſte Anblick
auf ſeine Gedichte ſelbſt: alles iſt da voll heid=

nischer Mythen, nirgends die mindeste Spur
vom Christenthume; in einem seiner Gesänge
läßt er sogar die Seelen der beiden Theodose,
die doch ungezweifelt Christen waren, auf Jupiters Befehl erscheinen. Jene drei christlichen
Gedichte sind also höchstwahrscheinlich das
Werk eines andern Claudians, der aus Gal-
lien gebürtig, und der Verfasser von verschiednen poetischen, philosophischen und theologischen
Schriften war, wovon noch einige Bruchstücke
bis auf unsre Zeiten gekommen sind. Auch
ist Geist und Styl dieser erwähnten Gedichte,
von unsers Claudians Styl und Geiste, selbst
für einen Halbkenner, auffallend verschieden.

So viel von ihm, in biographischer Rücksicht! Lassen Sie uns nun den Dichter, seinen
eignen Geist, und seinen litterarischen Nachlaß, ein wenig genauer betrachten.

Bei weitem sind nicht alle seine Gedichte bis
auf uns gekommen: selbst unter den wenigen,
aus den Trümmern der Barbarei geretteten,
sind einige seiner schönsten nicht mehr vollständig, sondern bloße Fragmente. Die ganze
Sammlung, wie wir sie itzt besitzen, besteht
aus mehrern Lobschriften auf die Consulats-
verwaltungen seiner Gönner, besonders seines
ver-

verehrten Kaisers Honorius; aus ein Paar
Schmähschriften auf den Rufin und den Eutrop, zwei gestürzte Günstlinge des Kaisers
Arcadius; aus zwei Gedichten auf den Gil-
donischen und den Getischen Krieg; aus zwei
Lobschriften auf den Feldherrn Stilico und seine Gemahlin Serena; aus ein Paar Gedichten bei der Vermählung des Kaisers Honorius, und einem dergleichen auf die Eheverbindung eines gewissen Palladius: ferner aus
dem Proserpinen-Raube, und dem Giganten-
Kriege.   Den Beschluß machen fünf Episteln,
sieben Rhapsodien, und etliche zwanzig Epi-
gramme, denen es fast durchgehends an Salz
und Stachel fehlt.   Das beste beinah unter
den leztern, ist das Sinngedicht auf den Caval-
lerie-General Jakob, einen Christen, der sich
über des Verfassers Gedichte aufgehalten hatte, aus dessen hier beikommender Uebersetzung
Sie Sich überzeugen werden, wie unser Claudian eben so wenig für die Freiheit der Kritik,
als für die christliche Religion gestimmt war,
und wie unwahrscheinlich seine Bekehrung ist,

   Bei der Asche Sankt Pauls, bei des grauen
              Peters Altare,
  Jakob, beschwör' ich dich: huble mein
         Verswerk mir nicht!

B

Dafür wird deiner Brust der heilige Thomas
ein Schild seyn,
Schirmend begleitet dich Bartholomäus
zur Schlacht;
Werden die Heiligen all den Barbarn die
Alpen verwehren,
Sankta Susanna wird dir ihre Kräfte
verleyhn!
Dafür werden die Schaaren der wilden
Schwimmer im kalten
Ister ersauffen, wie — Pharaons Rosse
vordem!
Dafür wird dein räch'rischer Sarraß die
Schwärme der Geten
Schlagen, und Römerfaust schwingen der
Brandfackel Heil!
Dafür wird dir Triumph über todtgefütterte
Gäste;
All deinen Fässern wird Sieg über all dei-
nen Durst;
Ja, kein feindliches Blut wird dir die Rechte
beflecken:
Jakob, nur hudle du, künftig mein Vers-
werk mir nicht!
Nicht wahr, liebste Freundin, ein eben so
drollichtes als — giftiges Ding? Es scheint
eine kleine Biographie zu seyn. Man sieht

den ganzen Jakob vor sich, der wohl ein gläu=
bigerer Christ als ein wackerer Soldat gewesen
seyn, sich oft mit tapfern Schmausereien güt=
lich gethan, und dann in doppelter Machtvoll=
kommenheit, als General und als Wirth, über
seines Subalternens Verse gerabedurch
und geradezu abgesprochen haben möchte.
Eine kleine Rache sey dem Dichter allenfalls
erlaubt, wenn sie nur nicht — allzuklein ist.

Dieß sind also die noch vorhandenen Werke
unsers Claudians, die ich Ihnen genauer be=
kannt zu machen übernehme. Zu Erlangung
dieses Zwecks habe ich mir aus ihnen verschied=
ne Stellen zur Uebersetzung ausgezeichnet;
vielleicht eben nicht die allerbesten, wie sie sich
durch das ganze Buch wohl finden möchten,
sondern wie sie mir im Durchblättern in die
Hand fielen: denn Sie wissen ja wohl, was
sich im Felde der Musen nicht bald finden läßt,
nicht ungesucht darbietet, das untersagt mir
die Göttin meines Schicksals zu pflücken. —
Zuerst wähle ich seinen Rufin. Das Schmäh=
gedicht auf den Eutrop ist, von der Seite des
dichterischen Werthes betrachtet, bei weitem
nicht so vortrefflich, aber noch weit ergrimmter,
und überdieß, (wie ich wenigstens glaube,)

nicht ganz: Es fehlt vielleicht ein völliger Gesang daran. Also bleibe es fürs erste bei dem
herrlichen Schand = und Läster=Gedichte auf
den Rufin. Dieser Günstling des Kaisers
Arcadius mißbrauchte nicht nur die ihm anvertraute Gewalt, und bereicherte sich durch Raub-
sucht, sondern verwickelte auch das Reich in
die verderblichsten Kriege, strebte sogar nach
der förmlichen Mitregentenschaft, ward aber
endlich von den aufgebrachten Soldaten ermordet. Ueber seinen Sturz hält der Dichter
einen vielleicht nicht allzurühmlichen Triumph:
sein Gedicht besteht aus zwei Gesängen.

Alekto, die Furie, eröffnet das Stück mit
einer Rede voll Ingrimms über das Glück der
Welt, und daß Jupiter ihnen den Himmel,
Theodosius die Erde verboten habe. Sie räth
zu offenbarem Kriege gegen die Olympier.
Megära hingegen, ihre Schwesterfurie, findet
das nicht thulich! sie empfiehlt ihnen vielmehr
ihren Zögling Rufin, und hofft, daß er ihren
Zweck zur Verwüstung der Welt noch sicherer
und besser erfüllen werde. Ihr Vorschlag erhält den Beifall der übrigen; sie eilt in der
Gestalt eines Manns zu ihm, und beredet ihn
unter Verheißung großer Glücksaussichten,

nach Byzanz, der Hofstadt des Kaisers Arcadius, zu reisen.  Der Mann zeigte sich durchgehends seiner Sendung würdig.  Die Beschreibung des Unheils, das er anrichtete, ist
würklich schauderhaft.  Endlich, nach tausen-
derlei Frevel, als er eben den Kaiser Arcadius
nöthigen will, ihn zum Reichsgehülfen zu erklären, nimmt der Soldat Rache an ihm, und
ermordet ihn aufs grausamste.  Daß er nun
dem Minos und Rhadamant in die Hände
fällt, zu jeder Strafe des Orkus verdammt
wird, und alle Qual des Tantalus, Tityus
und Sisyphus erdulden mußte, versteht sich
von selbst.

Dieß ist der Leitfaden des Gedichts, das,
wenn auch eben keinen großen oder kunstrei-
chen Plan, dennoch eine sehr wohlgeordnete
Anlage hat: seine Theile sind würklich passend
und schön; die Ausführung ist mit unter ganz
vortrefflich, und eine Menge herrlicher Züge
und Tiraden ziehen den Leser durchgehends an
sich. — Ich war erstlich Willens, Ihnen die
vorzüglichsten Stellen dieses Poems in Uebersetzung und Auszuge vorzulegen,  und schon
dadurch meine Behauptungen über unsern
Dichter zu rechtfertigen: aber ich entsinne
mich, daß ich mir auch diese Mühe größten

Theils erfparen kann. Vor geraumen Jahren
schon, als ich mich mit Gräziens und Laziums
schönen Geistern anhaltender beschäfftigen durfte, als itzt; schon damals übersetzte ich diesen
Claudianischen Rufin ganz. Ich suche die
Handschrift wieder hervor, und lege sie zu
meinem Briefe als eine Beilage. Nun sind
Sie doch gewiß im Stande, genauer zu be-
urtheilen, ob es Ihr Freund in Lob oder Tadel
übertrieben hat, oder nicht.

Würklich bin ich heut mit diesem Claudian
wie behext, und muß mit Gewalt abbrechen!
Nur noch dieses: nicht wahr, es ist doch sonderlich auffallend, daß Claudian dieses Gedicht,
aus welchem die Schwäche des Kaisers Arcadius (der doch auch sein Gönner, und überdieß
der Bruder seines Schutzherrn des Honorius
war,) überall hervorleuchtet, so ganz unbefan-
gen bekannt machen durfte? Noch sonder-
barer, daß Arcadius dieß nie rächte, vielmehr dem Dichter auf mehr als eine Art seine
Gnade zu erkennen gab. Bloße Hochachtung
für die Muse war dieß nun wohl nicht: aber
woran lag es denn sonst? An dem guten
Herzen des orientalischen Gebieters? An der
Gewalt und dem Ansehn des allvermögenden

Stilico, der den Dichter in seinen Schutz
nahm? Oder an den Mißverständnissen zwischen beiden Höfen, worin unser Dichter ein
wenig im Trüben fischte? — —

Schon wieder? Aufhören wollte ich, und
fing beinahe wieder vom neuen an. Gelinge
mir aber nie ein Uebersetzungs-Versuch mit
ihm; verstecke sich mir jeder schöne Zug in
grammatische Grübelei; und müsse ich gezwungen seyn, den dicksten seiner Kommentare
(und wenn es Kasper Barth mit seinem acht
Alphabet starken Wulst wäre,) von Wort zu
Wort durchzulesen, — (und das ist denn doch
wohl ein theurer Schwur?) — wenn ich heut
noch ein Wort über ihn schreibe! Mißfällt
Ihnen der Mann nicht, so werden Sie mir
es schon schriftlich oder mündlich sagen, und
dann sollen Sie mehr von ihm hören. Für
itzt leben Sie wohl, allen guten Göttern em-
pfohlen, von

Freund

Kretschmann.

# Rufin.

## (Beilage zu diesem Briefe.)

---

## Erstes Buch.

Als von Phöbus Bogen gebändigt Python' da-
  hinsank,
  Ueber Cyrrhäens Gebiet sterbend die Glieder
  ergoß;
Dessen Ringe Gebürge bedeckten, der Ströhme
  hinabschlang,
  Mit der Mähne voll Blut bis ans Gestirn
  sich erhob:
Da ward Hämus befreit; von diesen Schlingen
  gelöset,
  Standen die Wipfel des Hains wieder errichtet empor;
Schwankten noch lange; die Eschen in weitum-
  fassender Strecke
  Wickelten nun ihr Haar sicher den Westwin-
  den auf,
Und Cephissens Strohm, sonst oft vom Schlan-
  gengift schäumend,
  Itzt gereiniget, goß helleres Wasser dahin.

Jo Päan! So tönt' es umher im Lande, die
Felder
Sangen Phöbus; die Luft ströhmte gewalti-
ger schon
Durch den Dreifuß; gelockt, von der Musen
weitschallendem Liede,
Käm, zum ernsten Bezirk Themis, der Götter
Besuch.
Ißt, da Python den zweiten, der Pfeil des Ge-
bieters vertilgt hat,
Sammelt dieß heilige Chor sich um mein Sai-
tenspiel her;
Hat den glorreichen Brüdern den Erdkreis stand-
haft erhalten;
Schirmt den Frieden durchs Recht, so wie die
Waffen mit Kraft.


\*　\*　\*


Oftmals schwankte mein Geist in jedem Zwei-
fel der Meinung,
Ob die Götter, ob nicht, sie diesen Weltkreis
regieren,
Und die Sterblichkeit nur durch Zufall und Un-
gefehr ströhme?
Sah ich die Harmonie des schöngeordneten Welt-
Alls,

Diese Grenzen dem Meere geboten, dieß Wan=
deln den Jahren,
Und den Wechsel der Nacht mit dem Licht; dann
däucht mir, in Allen
Herrsche der Schluß eines Gottes, durch dessen
Gesetz die Gestirne
Sich bewegen, und Früchte verschiednen Zeiten
entsprießen;
Der den wechselnden Mond mit fremdem, die
Sonne mit eignem
Feuer zu füllen gebeut; den Wassern das Ufer
erstrecket,
Und den Erdball mitten an seiner Are herum=
schwingt.
Aber, wenn ich auch sah, dieß Wälzen mensch=
lichen Schicksals
Immer im Dunkel; der Bösen so langes fröh=
liches Blühen,
Und die Pein der Guten: dann wanket wieder
und sinket
Mir mein Glaube; dann folg' ich unwillsam
dem Wege weit andrer
Ursache, welche die Samen in absichtleerer Be=
wegung
Fallen, stets neue Gestalten im unermeßlichen
Unding

Nur durch kunſtloſen Zufall regieren läßt; welche
die Götter

All für Unweſen hält, oder doch um uns nicht
bekümmert.

Endlich ſtillte die Strafe Rufins den Aufruhr;
die Götter

Wurden loßgeſprochen; ſchon klag' ich nicht mehr,
wenn Verbrecher

Hoch zum Gipfel wuchſen: ſie werden zur Höhe
geſchleudert,

Daß ihr Fall gewichtiger ſtürze!

       Eröffnet dem Dichter,
Pieriden, aus welcher Quelle ſolch Unheil her-
vorbrach?

      Einſt ergrimmte vom Stachel des Neids
Alekto, die Wilde,

Als ſie weit umher der Städte Ruhſtand erblickte.

Stracks berief ſie zum unterirdiſchen Wohnhaus,
der Schweſtern

Ungeſchlachte Verſammlung. Des Erebus zahl-
loſe Peſten

Drängten in Eins zuſammen, mit Allem was
jemals die Nacht dort

Fehlgeboren: es kam, des Krieges Amme die
Zwietracht,

Der tirannische Hunger, des Todes Nachbar das
Alter,

Krankheit sich selber zur Last, die Mißgunst vom
Glücke geängstigt,

Und das klagende Trauern mit wildzerrissenem
Kleide;

Schrecken, und rasche Kekheit mit geblendetem Auge
Kamen, und Schwelgerei des Reichthums Ver-
geudet, den immer

Mit dem kriechenden Schritt unseeliges Armuth
begleitet;

Endlich der dichte Schwarm schlafloser Sorgen,
die durstig

Ihrer Mutter Brust, des schmuzigen Geizes,
umfangen.

Mannigfaltig erfüllte der Haufen die eisernen
Sessel;

Ungeheuer machten das schreckliche Richthaus ge-
drange:

Mitten darunter Alekto, gebot dem Pöbel zu
schweigen,

Warf die sträubenden Schlangen zurück auf den
Rücken, und ließ sie

Ueber die Schultern irren. Mit wüthigem
Schreien entströhmte

Nun ihr Ingrimm, bis itzt tief unterm Herzen
verschlossen.

„Also wollen wir nun des Säculums fried=
liche Laufbahn
„Dulden? Also dulden der Völker glückliches
Leben?
„Ha! Wie tief verdarb uns unsre Sitten die
neue
„Mildigkeit! Ha, wo bleibt die angeborene Toll=
wuth?
„Ha, was nützen euch nun die kraftlosen Gei=
ßeln? Der Umkreis
„Schwarzer Fackeln? — Ihr Trägen, die Zevs
vom Himmel, vom Erdball
„Theodosius ausschloß! Die goldne Zeit wird ge=
boren;
„Seht, das Biedergeschlecht kehrt wieder; Tu=
gend und Eintracht,
„Fried' und Frömmigkeit schweifen umher mit
erhabenem Nacken;
„Singen schon hohen Triumph laut über unsre
Geschlechter.
„Ach! Die Gerechtigkeit selbst, aus heitern Lüf=
ten herunter
„Kommend beleidiget mich; hat Stamm und
Wurzel den Lastern
„Ausgerottet, und lockt die unterdrückten Gesetze
„Aus dem finstern Kerker hervor: wir aber, wir
schmachten

„Allzulange schon ruhmlos, aus allen Reichen
vertrieben.

„So erkennet doch endlich, was Furien ziemet!
Ermannt doch

„Eure gewöhnliche Kraft, und beschließt eine Fre-
velthat, würdig

„Dieser vollen Versammlung! Mich lüstet, mit
stygischen Wolken

„Das Gestirn zu befallen, das Licht des Tages
durch meinen

„Hauch zu entweihn, die Fesseln der Meeres-
tiefe zu lösen,

„Ueber zerrißnes Ufer die Ströhme zu treiben,
und aller

„Dinge Bund zu erschüttern!"


So sprach die Blutige brüllend;
Sträubte die Rachen der krummgewundenen
Schlangen, und träufte
Schädliches Gift herab vom wildgeschüttelten
Haupthaar.
Zweifel ergriff die Schaar. Krieg wollten die
meisten von ihnen,
Krieg den Himmlischen; Schutz der Gerechtsame
Pluto's, die andern.
Zwietracht nährte den Lärm. So murrt des
wogenden Weltmeers

Unbefriedigte Ruh, wenn die Stürme sich brechen, die Welle
Immer noch tobt, und der Fußtritt des nun er-
müdeten Windes
Allgemach vom Schwanken des brausenden Was-
sers zurückweicht.


Itzt erhob sich vom traurigen Sitz die ver-
ruchte Megäre.
Neben ihr stand wahnsinniges Tosen, unheiliges
Irrsal,
Und der Jächzorn sprudelnd vom Schaum der
Furien aller.
Nimmer trinket sie Blut, was nicht gesetzlos,
befreundter
Mord vergoß, was nicht das Schwert des Vaters
versprützte,
Oder Brüder ihr gaben.   Sie wars, sie schreckte
selbst Herkuls
Antlitz, und befleckte den weltbeschützenden
Bogen;
Lenkte den Wurfspieß aus Athamas Rechte;
durchtobt' Agamemnons
Innre Penaten, und trieb ihr Spiel mit Mord-
that um Mordthat.
Ihre Fackel verlobte den Sohn mit der Mutter,
die Tochter

Mit dem Vater, im Oedipus und im Thyeſtes.
Entſetzlich
Tönend erſcholl die Stimme, womit ſie folgen=
des ausrief:


„Freundinnen, Krieg zu führen mit jenen
Göttern des Himmels,
„Wär nicht möglich, noch Recht: allein, die
Welt zu verwüſten,
„Wie es beliebt; den Völkern gemeinſamen Tod
zu bereiten:
„Dafür hab’ ich ein Ungethüm weit grauſer als
Hydern,
„Schneller wie junge Tiger, mehr als der
Sturmwind gewaltſam,
„Treuloſer als der Strudel des wiederkehrenden
Waſſers;
„Dafür hab’ ich Ruſinen! Ihn nahm ich vom
Schooſe der Mutter;
„Oefters kroch das Knäblein an meinem Buſen,
hing oft mir
„Um den hohen Hals, und ſuchte ſanftwim=
mernd die Brüſte;
„Wenn indeß meine Nattern, mit dreifach ge=
ſpaltener Zunge
„Meines Zöglings zartes Geſicht beleckten, und
formten.
„Von

„Von mir lernt' er die Kunst zu schaden, die
Lehre des Truges;

„Lernte Treue zu lügen, den drohenden Zorn
zu verstecken,

„Und die Hinterlist schlau in mildes Lächeln zu
bergen.

„Voll von Grausamkeit ist er, und voll von
glühender Habsucht.

„Weder Tariffens Sand in der köstlichen Gegend des Tagus

„Sättiget ihn, noch des goldschimmernden
Paktols Gewässer:

„Ob er den Hermus erschöpfte; stets würd' er
brennender dürsten.

„Ha, wie weiß er geschickt die Gemüther zu
täuschen, die feste

„Eintracht der Freundschaft durch Haß zu zer-
stören! Hätte die Vorwelt

„Seines gleichen erzeugt; Pirithous flöhe
vor Theseus;

„Pylades hätte seinen Orest beleidigt verlassen;

„Castorn Pollux gehaßt. Ihm geb' ich mich
überwunden:

„Seine Meisterin hat sein wütiger Geist
übertroffen! —

C

„Weg mit weilendem Wort! Nur Er besitzet
mehr Laster

„Als wir alle zusammen. Ihn führ' ich, wo-
fern ihr's genehmigt,

„In das Königshaus des hocherhabenen Fürstens.

„Sei er ernster als Numa, ja Minos selber;
bald weicht er,

„Und bald biegt ihn nach Wunsch die Hinterlist meines Erzognen."


Schreiender Beifall folgte der Rednerin.
Allesamt reckten

Die unheilige Hand, und priesen die Trauer-
Erfindung.

Sie aber schürzt' ihr Kleid mit blauen Nattern; ein Demant

Knüpft' ihr das Haar; sie flog zum schallen-
den Phlegethon; brach dort

Von des ausgebrannten Ufers flammendem
Damme

Eine gewaltige Kiefer; entzündete Stamm
und Gezweige

Im pechsiedenden Strudel, und ihre schnelleren Flügel

Schwingend, enteilte sie stracks des trägen
Orkus Gebiete.

Dort, wo Galliens Strand, umringt von
　　　　　　des Ozeans Wogen,
Sich hinaus erstreckt, dort, sagt man, hätt'
　　　　　　einst Ulysses
Das stetsschweigende Volk mit blutigen Opfern
　　　　　　beschworen.
Winselndes Klagen der schwebenden Geister
　　　　　　mit leisem Geräusche
Hört man hier: die Bewohner erblicken
　　　　　　blasse Gespenster,
Und das Wandeln verstorbner Gestalten.
　　　　　　Hier wars, wo die Göttin
Plötzlich heraufsprang, die heitern Strahlen
　　　　　　des Tages verdunkelnd,
Mit furchtbarem Geheul den Aether zerriß.
　　　　　　Das unselge
Tosen vernahm Britannien laut, und wildes
　　　　　　Geräusch schlug
Der Senonen Feld: selbst Thetis wich und
　　　　　　blieb stehen,
Und der Wasserkrug entfiel vor Schrecken dem
　　　　　　Rheine.
Itzt verwandelte sie zu grauem Haar ihre
　　　　　　Schlangen,
Log ein zeitbelastetes Alter, durchfurchte mit
　　　　　　ernsten

C 3

Runzeln ihre Wangen, und schlich mühseligen Schrittes.

Also kam sie zur Stadt Elusa, besuchte das
längst ihr

Wohlbekannte Haus, und ihre grünlichten
Augen

Hingen bewundernd am Manne, weit schlim-
mer als sie. So begann sie:

„Schmeckt der Müssiggang dir, Rufin?
Verblüht dir noch immer

„Ruhmlos diese Jugend auf väterlichen Gefilden?

„Ah, du weißt es noch nicht, was die Gestirne
dir schenken,

„Was das Glück dir bestimmt! Du sollst die
Erde beherrschen;

„Wenn du willst und — gehorchst: darum
verachte den Greis nicht!

„Denn ich habe viel magische Kraft: die
Flamme der Zukunft

„Leuchtet in mir; ich weiß, durch welche Zau-
bergesänge

„Die Thessalierin dem Monde das Licht raubt;
ich weiß es,

„Was des klugen Aegypters Zeichen vermögen;
ich kenne

„Des Chaldäers Kunst, womit er selbst Göttern gebietet.

„Mir verheimlicht sich nicht die Kraft des
fließenden Baumsafts,

„Nicht der schädlichen Kräuter; noch was an
tödtlichen Grases

„Reichthum dort am Caucasus, oder auf Scythiens Felsen

„Für das Zauberlied grünt; was dort die
wilde Medea

„Oder die listige Circe sammelt. Die schrecklichen Manen,

„Selber Hekaten hab' ich in nächtlicher Feier
gefodert;

„Habe Leichen mit meinen Liedern ins Leben
gerufen,

„Habe Manchen, obgleich die Parze den Faden noch fortspann,

„In das Grab gesungen. So zwang ich Ei-
chen, zu wandeln;

„Blitze, still zu stehn: so wandt' ich den
Strohm, und gebot ihm

„Bis zur Quelle zurückzukehren. — Damit
du nicht wähnest,

„Daß ich mit Eitelkeit prahle; — sieh deiner
Penaten Verwandlung!"

Also sprach sie, und (wunderbar!) plötzlich
                    begannen die weißen
Säulen sich zu bereichern, und wurden zu
                    schimmerndem Aerze.
Diese Lockung verfing; er weidete geizig die
                    Augen
Und erhob sich schon hoch. So prahlte Midas
                    der König,
Als er zuerst die verwandelnde Macht seiner
                    Hände gewahr ward:
Aber als ihm die Speisen sich härteten, als
                    ihm der Trunk nun
Plötzlich in gelbes Eis erstarrte; da fühlt' er
                    die Strenge
Seiner Wunderkraft ganz, und er haßte den
                    Wunsch in dem Golde.


Also ward er besiegt: „Ich folge, wohin
                    du mich rufest;
„Seist du Mensch oder Gottheit!" — Itzt
                    ließ er sein Vaterland; eilte
(So befahl ihm Megära,) hin nach des Mor-
                    genlands Schlößern,
Zu den Symplegaden, bis hin zum ruder-
                    berühmten
Sunde Thessaliens, wo der Bosporus, stolz
                    auf die Höhe

Seiner Stadt, vom Odrysischen Ufer Asien
scheidet.
Als er die lange Reise vollbrachte; geführt
von des Schicksals
Tückischem Faden, nun am erlauchten Hofe
sich einschlich:
Da ward Ehrfurcht geboren, das Recht ver-
trieben, und Alles
Feilen Kaufs. Er verrieth das Geheimniß,
betrog wer ihm traute,
Und versteigerte die vom Fürsten erbetenen
Ehren.
Jede Beschwerde verzwiefacht er gern, ernäh-
ret das Feuer
In erbittertem Herzen, und reizt kleine Wun-
den unheilbar.


So wie Nereus im Meer den Zuwachs
unzähliger Bäche
Nicht bemerkt, und, ob er den wogenden Ister
erschöpfet,
Oder den sonnichten Nil von sieben Mündun-
gen austrinkt,
Immer derselbe verbleibt; so löschten Ströhme
von Gold nicht
Diesen brennenden Durst. Den Eigner juwe-
lenbesetzten

Schmuckes, oder des urbargemachten Land-
             guts Besitzer;
Alle beraubte Rufin: ein feistes Ackerland
             bracht' oft
Seines Herrn Verderben; der Landmann
             furchte des Feldes
Fruchtbarkeit. — So vertrieb er von Haus
             und Hofe; so stahl er
Bald den Lebendigen ihr Vermögen, bald
             nahm ers als Erbe.
Schätze wurden gehäuft; die Schätze des Ein-
             zigen Hauses
Raubten die andern hinweg; die Völker dien-
             ten als Knechte;
Volle Städte versanken der eigenmächtigen
             Herrschaft.

Thor! Wo rasest du hin? Ob du des
             zweifachen Weltmeers
Eigner wärst, ob dir der Goldquell Lydiens
             ströhmte,
Ob du Crösus Thron mit Cyrus Tiare ver-
             eintest;
Dennoch wirst du nicht reich, nie wird dein
             Heißhunger satt seyn!
Arm bleibt, welcher begehrt. Zufrieden mit
             ehrlichem Wenig

War Fabricius, der selbst Königsgeschenke ver-
schmähte;
War einst jener Consul im Schweiße des la-
stenden Pfluges,
Und die kriegrischen Curier deckt' ein niedriges
Strohdach.
Reicher ist solch ein Armut, und solche Hütten
erhabner
Als dein stolzer Palast! Dir sucht das schäd-
liche Schwelgen
Eitle Kost; mir giebt, ohne Kaufpreiß, der
Erdboden Speise:
Deinen Wollenzeug färbt das Tyrische Meer-
gras, und deine
Bunten Kleider werden vom Purpur der
Schnecke gesättigt;
Hier aber glänzt mir die Blum' und das üp-
pige Leben der Wiese,
Immer verändert in eigner Art: dort schwillt
aus dem goldnen
Bette dein Lagerpfühl; hier breiten sich sanf-
tere Kräuter,
Die den sorglosen Schlaf durch keinen Kum-
mer verstören:
Dort durchtosen Schmeichler dein weites Wohn-
haus mit Grüßen;

Zähle mir hie die Gesänge des rieselnden Bachs
und der Vögel!
Besser lebt, wer wenig nur hat. Und alle
berufet
Mutter Natur zum Glück, — wer's nur zu
nützen verstehet.
Wär dieß alles erkannt: wir brauchten nicht
viel zum Genusse;
Würden Trommetengetön und das Knarren
vom Stapel nicht hören;
Stürme würden kein Schiff, noch Widder die
Stadtmauern brechen.

Immer noch wuchs der verbrecherische
Durst; stets schamloser brannte
Seine Begier nach neuem Raube: des Foderns
und Zwingens
Schande kannt' er nicht; verknüpfte den Mein-
eid mit Schmeicheln,
Und schlug Hand in Hand zum baldigen Todes-
bündniß.
Weigert unter so vielen ihm sein Begehren
nur Einer;
Ha, dann klopft ihm das wilde Herz von
schwellendem Grimme!
Tobt die Löwin wohl mehr, durchbohrt vom
Getulischen Jagdspieß;

Oder die Tiegerin, wenn fie den räubrifchen
       Parther verfolget;
Noch die getretene Schlange? — Der göt-
       terheilige Schwur wird
Staub vor ihm; hier gilt kein hehres Anfehn
       des Gaftrechts;
Weder Gemahl, noch Gattin, noch hingemor-
       dete Kinder
Söhnen den Haß: nicht genug, die Sipp-
       fchaft ganz zu vertilgen,
Freunde hinaus zu jagen; er will von Grund
       aus die Bürger
Alle vernichten, und ganz des Volkes Nahmen
       verlöfchen.
Nie gebeut er hurtigen Tod: er weidet zuvor
       fich
An der graufamen Marter; verfparet den
       Dolch, und bereitet
Kerkernacht, Feffeln und Qual. Ach, unbarm-
       herziger wütet,
Als das Schwert, fein Verfchonen; der Schmerz,
       der des Lebens Gewalt hat!
Ift der Tod denn fo wenig? — Er drängt
       mit trüglichen Klagen;
Er verdammet jeden, der ihm als Richter er-
       zittert

Träge für alles sonst, allein zur Lasterthat
    hurtig,
Wandelt er unverdrossen bis an die fernste
    Grenze:
Sirius hält ihn nicht auf, noch Brumas ri-
    phäischer Nordsturm.
Gierige Sorge nur martert das wilde Herz,
    daß dem Schwerte
Keiner entrinnt; daß durch Augustus Erbar-
    men er keinen
Frevel verlöhre. Nicht Jahre machen ihn
    wankend, noch Alter:
Vor den Augen des Vaters durchfährt das
    Richtbeil der Kinder
Rieselnde Nacken; es geht vom Tode des
    Sohns der verwaiste
Ehrenberaubte Greiß ins Elend. Wer kann
    diese Leichen
Alle schildern? Wer kann dieß nahmlose Wür-
    gen beweinen?
Lassen der Vorwelt Frevler sich wohl mit diesem
    vergleichen?
Sinis isthmischer Baum, noch Scirons fel-
    sichter Absturz?
Oder Phalaris Stier, und Sullas schrecklicher
    Kerker?

O ihr zahmeren Rosse des Diomedes! Du
       sanfter
Opferaltar des Busirs! Selbst Cinna wird
       frömmer, und milder
Spartakus, im Vergleich mit Rufin! Ein
       sinnloses Schrecken
Stürzte den Haß darnieder; verborgne Seuf-
       zer nur stöhnten
Um die Gräber herum, und furchten neues
       Erbittern.

Aber Stilico's Tugend, des Großmuths-
       vollen, erschüttert
Solche Furcht nicht. Mitten im Wirbelsturme
       der Dinge
Ging er allein der Bestie Todesrachen ent-
       gegen,
Mit dem Pfeile bewehrt. Kein rasches Flügel-
       roß trug ihn
Schnelleren Laufes dahin; ihm half nicht Pe-
       gasus Zügel.
Hier allein ward Allen gewünschte Ruh; der
       Gefahren
Sichrer Thurm, ein Schild vor diesem schreck-
       lichen Feinde;
Hier der Flüchtlinge Sitz, hier Schlachtver-
       kündung dem Wüten,

Hier geretteter Redlichen Lager. Nicht weiter
als hieher
Drang der Drohende vor, und wich feigherzig
entfliehend.
Also, wenn der geschwollene Gißbach im eisich-
ten Strudel
Wälder und Steinblöcke wälzt, und alle Brük-
ken zertrümmert,
Bricht er endlich am Fuß der widerstrebenden
Klippe,
Suchet schäumend den Weg, und umdonnert
die Wände des Felsens.


Welches Lob erhebt dich würdig, du, der
du dem Umsturz
Einer sinkenden Welt mit deinen Schultern
zuvorkamst?
Götter zeigten dich uns gleich einem leitenden
Sterne,
Als, von beiden Seiten umstürmt, der schwan-
kende Nachen
Fortgerissen ward, und der Steuermann kraft-
los dahin sank.
Perseus, sagt man, habe Neptunens Thiere
gebändigt:
Aber ihn sicherten Flügel; dich trug kein Fittich.
Ihn schützte

Die erstarrende Gorgo; dich nicht die Nat-
    tern Medusens.
Ihn trieb lüsterne Liebe zur felsengefesselten
    Jungfrau;
Dich die Rettung Roms.  Drum schweige
    besieget die Vorwelt,
Und vergleiche nicht mehr, mit Herkuls Tha-
    ten, die deinen.
Einen Löwen nur ernährten die Wälder Cleo-
    nens;
Nur Ein hauender Eber verheert' Arkadiens
    Triften.
Du, Antäus, vom Fall auf die Muttererde
    gestärket,
Schadetest nicht aus Libyens Grenzen hinüber.
    Auf Creta
Tönt' allein das Stampfen des feuerschnau-
    fenden Stieres;
Und nur Lerna's Sumpf umlauschte die grün-
    liche Hyder.
Doch dieß Ungeheuer erschreckte nicht einzele
    Sümpfe,
Noch ein einziges Eiland: ihm bebt das ganze
    Gebiete
Latiums; ihm jagt man von Calpe's Felß bis
    zum Ganges.

Ihm vergleichet sich nicht der dreifache Geryon,
noch des
Orkus trotziger Wächter; nicht die Vereinung
der Hyder
Kräfte mit Scylla's Hunger, und mit den
Flammen Chimärens.

Lange währte der Kampf der Tugenden
wider die Laster;
Ganz verschieden an Sitte. Was er zu wür-
gen bedrohte,
Rettetest du; es raubte, du gabst zurück; er
zerstörte,
Aber du stelltest her: er zündete Krieg an, du
siegtest.
Wie die heftiger werdende Seuche den Him-
mel vergiftet,
Nun die Heerden verschlingt, dann Land und
Städte dahin rafft,
Endlich mit brennenden Winden die stygische
Pest in der Ströhme
Wasser verhaucht; so tobte der gierige Räu-
ber nicht einzeln:
Zeptern brannt' er zu drohn, die Krieger alle
zu tilgen,
Und dann jegliche Kraft der Römer niederzu-
schmettern.

Schon

Schon erregt er das Volk am Ister; schon
             nimmt er den Beistand
Scythiens an, und vertraut seinen Ueberrest
             feindlichen Waffen.
Mit den Daken vermischt, erscheint der Sar=
             mat; der verwegne
Massaget, der die Rosse für seinen Becher
             verwundet;
Dann der Alane, getränkt am morderfüllten
             Mäotis;
Und der Gelone, voll Stolz auf eisengezeich=
             nete Glieder.
Dieß die Heeressammlung Rufins! Er ver=
             beut, sie zu hindern,
Knüpft Verzug an Verzug, und versäumt den
             günstigen Zeitpunkt.
Denn, als Stilico's Faust die Schwärme der
             Geten geworfen,
Seines Mitführers Tod gerochen hatte; ein
             Theil nun
Schwächer war und leichter zu fangen; ver=
             schob der verruchte
Hochverräther Rufin, der Mitverschworne der
             Geten,
Das Beginnen der Schlacht; betrog seinen
             Fürsten; versparte

D

Seine Hülfe den Hunnen, die, wie er wußte,
zum Kriege
Kamen, und hoffte Verein mit dem hassens-
würdigen Lager.

Jenseit des kalten Dons, an Scythiens
äußersten Grenzen,
Ist ein Volk: berüchtigter nährt der Nordpol
kein andres.
Häßlich ist ihr Gewand, ihr Körper schmutz-
gen Anblicks:
Aber ihr Geist weicht nicht vor der mühseelig-
sten Arbeit.
Raub ihre Speise; kein Landbau; nur Spiel,
den Schädel zu spalten;
Wohlanständig beim Grabe gemordeter Ael-
tern zu schwören.
Inniglicher verband der Natur verdoppelnde
Schöpfung
Nicht den gezweiten Centaur mit dem ange-
borenem Rosse.
Heftig und ordnunglos ihr Zug, ihre Wieder-
kunst plötzlich!

Unerschrocken eilt ihnen an Hebrus schäu-
mendem Wasser
Stilicon entgegen, und rief vor dem Schwert
und der Tuba:

„Mavors! Ob du am Jünglingsbevölkerten
                    Hämus verweileſt,
„Oder dort am graugefrornen Rhodope raſteſt;
„Ob dich Athos beſitzt, den Mediſche Ruderer
                    ängſten;
„Oder Pangäa, vom Schatten der ſchwarzen
                    Steineiche dunkel;
„Gürte dich nun mit mir, und hilf deine
                    Thrazier retten!
„Giebſt du mir Sieg; dann ſchmück' ich dir
                    einen Eichbaum mit Beute.“
Mars erhört' ihn: er ſtieg von den Klippen
                    des ſchneereichen Hämus,
Und ſein Zuruf ermannte die ſchnelle Diener-
                    ſchaft alſo:
„Bring mir, Bellona, den Helm! Entſetzen,
                    löſe die Räder!
„Zäume, Furcht, mein Geſpann! Denn ſeht,
                    mein Stilico rüſtet
„Sich zum Treffen, er, welcher mich ſtets mit
                    Trophäen bereichert,
„Und den Helmbuſch des Feindes hoch an die
                    Bäume befeſtigt.
„Immer ertönet uns gemeinſam die Tuba;
                    gemeinſam
„Immer der Ruf zur Schlacht! mein Wagen
                    folgt dicht ſeinem Zelte!“

Also rief er, und sprang ins Feld; und trieb
        die Geschwader
Dort, wie Stilico hier, in voller Flucht hin.
        Sieh, beide
Waren an Schild und Größe sich gleich; auf
        beiderseits Helmen
Stand der schimmernde Haarbusch; die Pan-
        zer dampften vom Laufen;
Ihre Lanzen wurden von weiten Wunden ge-
        sättigt.


Heftigern Wunsches, und schweigend in
        diesem Greul, überraschte
Itzt Asträen Megära, hier in dem traurigen
        Schlosse,
Und verhöhnete sie mit ihrem schrecklichen
        Munde:
„Sieh doch die Ruhe der Vorwelt, und, wie
        du wähnst, die Zurückkunft
„Jener goldnen Zeit! Ei sieh, wie die Furien
        nirgends
„Einen Aufenthalt finden! — Erheb den
        Blick nur, und schaue,
„Wie viel Städte nun schon den Flammen
        der Fremdlinge sanken;
„Wie viel Unheil Rufin, und wie viel Blut
        er mir darbeut;

„Und mit welchem Gemetzel er meine Schlan-
                          gen mir füttert! —

„Fleuch! Verlaß die Menschen, mein Eigen-
                          thum! Fleuch zu der Sterne

„Herbstlichen Gegend, allwo der Thierkreis
                          südwärts sich neiget!

„Denn, zu lange schon fehlt dem Sommer-
                          löwen sein Nachbar,

„Und der zwiefachen Wage. Ha, daß ich end-
                          lich dir dorthin,

„Durch die weiten Gewölbe des Himmels zu
                          folgen vermöchte!"


    Aber die Göttliche sprach: „Du Thörin,
                          tobe nicht weiter!

„Bald nun zahlet dein Liebling die Schuld.
                          Der erwartete Rächer,

„Nahet, und bald wird Er, der Himmeln und
                          Erden zur Last fiel,

„Nicht mehr seyn; ihn wird ein schlechter
                          Sand nicht begraben!

„Dann erscheint der verheißne Honorius fröh-
                          lichern Zeiten,

„(Minder nicht als sein Vater, der Held, noch
                          sein schimmernder Bruder;)

„Dessen Speer den Meder besiegt, den Inder
                          dahin stürzt.

„Könige kommen ins Joch; ... zigen Phasis;

„Und Araxes trägt ihm seine Brücke gezwungen.

„Auch du selbst wirst, gefesselt mit schweren
eisernen Ketten,

„Aus dem Tage verjagt; wirst ... gebän-
digten Schlangen

„Abgeschossene Mähne tief in den Abgrund
... verstecken.

„Dann wird die Erde gemeinsam. ... Kein
Grenzstein scheidet die Aecker,

„Von dem krummen Pfluge nicht weiter durch-
furcht: denn der Schnitter

„Freut sich über die Aerndte der plötzlich wachsenden Aehren.

„Honig rieselt im Eichwald; hier Ströhme
von Wein, dort von Oele;

„Purpurgefärbte Wolle verliehrt ihren Werth:
denn es röthet

„Sich von selber die Heerde, zum Wunder des
staunenden Hirtens;

„Und Juwelen entkeimen der Meere grünem
dem Schäfer ...

## Zweites Buch.

Wiederkehrende Schwestern! Eröffnet mir
nun den verbotnen
Helikon, öffnet ihn mir; kommt im vergün-
stigten Chor!
Denn das Trauergebrüll der Kriegsposaune
verbeut nicht
Mehr den Liedergesang, auf der Parnassi-
schen Flur.
Nun, Apoll, da die Furcht vom sichern Delphi
gewichen,
Schlinge den Blumenkranz itzt deinem
Rächer ums Haupt!
Vom Castalischen Quell und von weissagenden
Flüssen
Trinkt der schmutzige Mund jener Barba-
ren nicht mehr;
Alpheus, röthet sich weit und breit, und ström-
net des Krieges
Blutige Spur hinaus in das Sicilische
Meer;
Unsern neuen Triumph merkt Arethusa von
ferne:
Denn ihr kündiget Blut Getischen Unter-
gang an.

Muße, Held Stilico, folge den allumfassenden
Sorgen;
O verzeih mit Geduld, mir meiner Leier
Getön!
Schäme dich nicht der Rast so langgedauerter
Arbeit;
Gönne den Musen nun, auch einen kleinen
Verzug!
Wenn der unbändige Mars, nach Kampf und
Treffen, die müden
Glieder über den Schnee Thräßischer Flu-
ren erstreckt,
Nun sich selber vergißt, die Lanze besänftigter
weglegt:
Dann vergönnt er sein Ohr, wohl dem
Pierischen Spiel.

\* \* \*

Als die Alpen besiegt, Hesperiens Reiche
geschirmet
Waren; umfing den Vater der längstverdiente
Ruhsitz,
Und die Welt erglänzte von einem neuen Ge-
stirne.
Deiner Sorgfalt, o Stilico, ward die Allkraft
der Römer,

Sammt der Dinge Vollendung nun überlaß
    sen; die Würde
Beider Brüder, sammt ihrem Doppel-Heere
    vertrauet.
Aber die Wuth des Verbrechens kennt keine
    Ruhe; der einmal
Blutbesudelte Rachen verweigert trocken zu
    werden:
Immer noch entflammte Rufin mit unsäglichen
    Kriegen
Alle Welt, und scheuchte durch seinen Unfug
    den Frieden.
„Welche Maasregel (dacht' er,) beschützt und
    fristet mir ferner
„Diese gebrechliche Lebenshoffnung? Durch
    welcherlei Kunstgriff
„Wend' ich all' diese Wellen? Hier werd' ich
    von Hassern gedrängt,
„Dort von Kriegern umringt. Wie soll ich's
    enden? Nicht Waffen
„Helfen mir, noch die Liebe des Fürsten. O
    Weh, die Gefahr reist
„Rings um mich her, und das Schwert um-
    schimmert schon nah meinen Nacken!
„Was bleibt übrig, als alles in neue Trauer
    zu stürzen,

„Und das schuldlose Volk in mein Verderben
                    zu mischen?
„Sterbe die Welt mit mir! Gemeinsamer
                    Untergang sei mir
„Noch im Tod’ ein Trost! Erschüttert weich’
                    ich nicht eher,
„Bis ich meine Gewalt mit dem Tageslichte
                    verliehre!“

Also Rufin. Wie wenn den Stürmen
                    Aeol die Zügel
Schüßen läßt; so brach Er Thor und Riegel;
                    er tobte
In die Völker hinein, und that dem Kriege
                    den Weg auf.
Er verschonte kein Land, vertheilte nach Städ-
                    ten das Unheil,
Ordnete seinen Frevel: wenn seine Helfer der
                    wilden
Donau im Rücken fielen, durch rudergewöh-
                    nte Seen
Fuhren; dann stürzten andre durch unerwar-
                    tete Wege,
Durch Armeniens Schnee und durch die Cas-
                    spischen Vesten
Ueber die Schätze des Orients. Schon rau-
                    chen die Weiden

Cappadoziens; schon Argeus, geflügelter
      Rosse
Vater; die Tiefen des Halys erröthen; um,
      sonst nur vertheidigt
Der Cilizier sich auf seinem pfadlosen Berge.
Syriens reizende Gegend wird wüst; den lie,
      dergewohnten
Waffenlosen Oront zertreten feindliche Rosse.
Asien seufzt: Europa, bis an Dalmaziens
      Wälder,
Wird Gespött und Raub des Getischen Schwar,
      mes. Die Erde,
Zwischen Adria's Wassern und zwischen dem
      wogenden Weltmeer,
Trauert an Heerden verarmt, von keinem
      Pflüger bewohnet.
Aehnlich des athemlosen Libyens sonnenver,
      brannter
Steppe, die keiner Pflege von Menschenhän,
      den gehorchet.
Pelion schweigt, die Hirten entflohn; Thessa,
      liens Acker
Flammt; das Feuer verwüstet Emathiens
      Aehren: der Thraken
Mauern, der Myster Feld, Pannoniens Ge,
      genden, — alle

Hatten keinen Verlust mehr zu beweinen. Zur Feier
Ward die Flucht, das Feld nun ganz der Wuth
überlassen,
Und Gewohnheit stumpfte dem Unglück alles
Gefühl ab.


Ha! Wie klein der Raum zum Untergange
des Größten!
Diese Herrschaft mit Ströhmen Blutes er-
worben, mit Ströhmen
Blutes erhalten, geschaffen durch tausend Mü-
hen der Feldherrn,
Seit Jahrhunderten schon von Römerhänden
gewebet, —
Ha! sie stürzt zu bald ein einziger träger Ver-
räther!


Selber die Stadt, die Nebenbuhlerin
Roma's, der Großen,
Die mit Stolz auf Chalzedoniens Sandufer
hinblickt,
Schrecket Mavors nicht nur von fern; schon
sieht sie die Fackeln
Näher leuchten, hört näher der Hörner Ge-
brüll, und gewahrt schon

Ihre Giebel getroffen vom weitgeworfnen
Geschosse.
Eilends kommen Feinde, die Mauer wachsam
zu hüten;
Schiffe fliegen herbei zum Waffenschirme des
Hafens.
Er aber, er, der Wilde, jauchzt in der Belag-
rung; erfreuet
Sich des Unglücks, und schaut von hoher Zinne
des Thurmes
Aufs verruchte Schauspiel des nachbarschaft-
lichen Lagers;
Sieht die Töchter gebunden entführt; in der
Wasserfurth diesen
Schon Halbtodten ersäuft; sieht jenen von plötz-
licher Wunde
Stürzen, diesen im Thore selbst die Seele
verhauchen:
Nicht das graue Haar spricht für die Greise;
des Knaben
Blut beströhmet den Busen der Mutter. Mit
Lachen geneußt er
Dieser unermeßlichen Wollust: nur, daß seine
Faust nicht
Selber tödtet, das schmerzt ihn. So sieht er
alles im Mordbrand,

Nur das Seinige nicht! So schweigt er in
diesen gehäuften

Hochverbrechen, und läugnet es nicht, wie lieb
ihm der Feind sei!

Wenn der prunkende Stifter des herrlichen Bündnisses auszog;

Dann berühmt' er sich stolz, daß Er nur das
Lager betreten,

Er nur es wagen dürfe dort Unterredung zu
halten.

Von Genossen umringt, umgeben von waffen-
bewehrter

Schmeichler Schaaren, den Dienern von seiner unfürstlichen Fahne,

Ging er, und eifersüchtig auf diese Barbaren,
umhüllt' er

Mit dem fahlgelben Felle die Brust; er äfft'
ihr Geschirr nach,

Ihre gewaltigen Köcher zusammt den tönenden
Bogen;

Sein Gewand gab öffentlich Zeugniß von seiner Gesinnung.

Ha! Der stolze Gebieter Ausonischer Wagen
und Rechte

Schämte sich nicht des Geten unförmlicher
Sitte noch Kleidung!

Das gefangne Gesetz, gezwungen sein hehres
Gewand nun
Zu verändern, betrübte sich über die Wildhaut
des Richters.

Welch ein Anblick des Volks! Welch ein
verstohlenes Murren!
Denn nicht ungestraft ward diesen Elenden
Thräne
Oder Gespräch erlaubt, um ihre Schmerzen
zu lindern.
"Ach, wie lange noch sollen wir dieß Verder-
bens Joch tragen?
"Ach, wo wird das Ziel von unserm grausen
Geschick seyn?
"Wessen Faust wird uns von diesen Stürmen
der Dinge,
"Diesen Zähren erlösen? uns, die Rufinus
hinausjagt,
"Und der Frembling zurück! denen Wasser und
Boden versagt wird!
"Groß die Seuche des Landes: doch größeres
Schrecken durchirret
"Unsre Häuser. O komm doch, Stilico!
Hilf doch nun endlich
"Unserm sinkenden Vaterlande!" Hier hast du
viel Liebes:

„Hier deine Wohnung; hier das erste Zeichen
des frohen

„Ehebettes; dir trug hochzeitliche Fackeln die
Hofstadt.

„Ob allein auch; nur komm, Erwünschter!
Dein Anblick besänftigt

„Kampf und Treffen; er stürzt den Wahnsinn
des gierigen Unholds!" —

Solche Seufzer bestürmten Auroren, die Zeugin der Zwietracht.


Aber als Bruma nun endlich vom Zephir
wieder entlassen,

Vom verbreiteten Reife das Feld befreit war;
dann eilte

Stilico hin zum Ost. Er hatt' Italiens Ländern

Frieden verschafft: nun wandt' er das beider-
seitige Lager.

Seine verschiednen Geschwader vereinigten
Galliens Kräfte,

Und des Morgenlandes. Nie kamen für
Einen Gebieter

So viel Hände zusammen, noch so viel Abstand
der Sprachen.

Hier Armeniens Reuter, mit ihren gekräusel-
ten Haaren,

Ihre

Ihre grasgrünen Mäntel in leichte Knoten
geschürzet;
Dann die gelbgelockten und trotzigen Gallier;
die der
Schnelle Rhodanus, oder die träge Saonne
begrenzet;
Die der Strudel des Rheins als Kinder schon
prüft; der Garonne
Wiederwogender Strohm bei seiner Rückkehr
bewässert,
Wenn die wechselnde Fluth des vollen Meers
ihn zurückdrängt.
Alle waren Ein Sinn; sie dachten nicht mehr
an die neuern
Geisteswunden. Kein Haß des Besiegten,
kein Stolz des Besiegers!
Ob die Gegenwart dröhnt', ob neuerlich noch
die Dromete
In den Bürgerkrieg rief, ob jetzt der kriegri-
sche Zorn flammt;
Dennoch vereinten sich All' in herzlicher Liebe
zum Feldherrn.
Eben so folgte das Heer einst durch die Welt
seinem Xerxes;
Trank die schlängelnden Flüsse; den Tag ver-
finsterten seiner

E

Pfeile Wolken; auf Flotten durchseegelt' es
        Klippen und Riffe,
Und verachtend betrat sein Fuß die Decke des
        Meeres.

    Kaum war Stilico's Schritt jenseit der
        Alpen, da schwärmte
Der Barbar nicht weiter umher; dem Kom-
        menden zitternd,
Zwang er sich in der Ebne zusammen, und
        schloß seine Weiden
In gesicherten Kreis. Er schirmte mit wech-
        selnden Pfählen
Einen gedoppelten Graben am unübersteig-
        lichen Walle,
Schlachtete seine Rinder, und machte die Wä-
        gen zur Mauer.

    Schon ergriff itzt von fern den bleichen
        Rufin das Entsetzen.
Mit verblaßter Wang' und festgefrorenem
        Munde
Stand er, ungewiß, ob er entfliehn; demüthig
        um Gnade
Flehen, oder der Treue des Feindes sich anver-
        traun sollte.

Ha! Was halfen nun Schätze? Was half
     des gelben Metalles
Haufen? Was seine Paläste, gestützt mit
     schimmernden Pfeilern,
Und die stolzen Gebäude, bis an die Wolken
     gethürmet?
Seine Tage zählt er nach Stilico's Reise;
     nach Meilen
Mißt er sein Leben; ihn quält die friedebrin-
     gende Zukunft:
Ihm entfliehet der Schlaf; wahnsinnig ent-
     springet er öfters
Seinem Lager, und straft sich schon durch die
     Furcht vor der Strafe.
Doch bald kehrt er zur Wuth zurück: er folgt
     des Verbrechens
Ungeheuerem Hange, betritt die Thore des
     reichen
Kaisersitzes, und mischt in sein Entsetzen dieß
     Bitten:
„Bei dem Herrscherglanze des Bruders, ja
     bei den Thaten
„Deines ätherischen Vaters, und deiner blü-
     henden Jugend; —
„Rette mich vor dem Schwert, vor dem erbit-
     terten Drohen

„Stilico's! Denn sieh, auf unser Verderben
geschworen,

„Kommen die Gallier, kömmt das Volk, von
der äußersten Tethys

„Eingeschränket; und was jenseit der Britten
umherschwärmt,

„Reget sich mir! Mich sollen so viele Waffen
erhaschen;

„Einem Haupte nur drohn so viele Fahnen! —
Woher denn

„Dieser Blutdurst? — Er raubt sich beide
Pole des Himmels,

„Duldet keinen Gleichen, und will, daß ihm
alles erliege;

„Er, der Libyen zwingt, der in Italien herr-
schet,

„Galliern und Iberern befiehlt! Ihm gnügt
nicht der Sonne

„Bahn, und nicht die Natur: er hat die
Reichthümer alle,

„Die Augustus erwarb, und durch den Krieg
sich erbeutet:

„Was er einmal besitzt, das giebt er nimmer-
mehr wieder!

„Nun genüß' er denn auch der Friedensruh!
Die Belagrung

„Drück' uns noch ferner! Warum versucht er
   dieß Land zu befallen?
„Weg mit ihm aus Illyriens Grenzen! Er
   lasse des Ostes
„Heere von sich; er theile, wie billig, die Lan-
   zen der Brüder!
„Erbe des Zepters nicht nur, dann wirst du
   auch Erbe des Kriegers.
„Aber, wenn du noch schwankst, mich von dem
   Tode zu retten,
„Ihn zu verbieten nicht strebst: dann, schwör'
   ich bei Himmel und Hölle,
„Wird dieß Haupt allein nicht sinken! Zu
   meinem, wird andres
„Blut sich mischen; ich fliehe nicht unbegleitet
   zum Styx hin;
„Meinen Untergang soll der Sieger nicht
   straflos verspotten!"

Also sprach er: und schnell ward eine
   Schandthat verabfaßt.
Boten brachten mit Eil des Fürstens erzwung-
   ne Befehle.

Aber Stilico freute sich schon der Nähe
   des Feindes,
Und der Schanzen, nicht weit durch ebne Pläne
   geschieden:

Aller Cohorten Begier zur Schlacht entflamm=
te sein Zuruf.
Auf der Linken stand Armeniens Kriegsschaar;
zur Rechten
Stellt' er die Gallier hin.    Wie funkeln die
schäumenden Zügel,
Wie erhebt sich der Nebel des Staubs, wie
steigen und schwanken
Ihre Lanzen empor mit purpurfarbenen Wim=
peln,
Die, gleich Schlangen, die Luft in wütigem
Fluge durchflattern!
Ganz Thessalien füllet der Eisenglanz, füllet
des weisen
Chirons Hölen, der Fluß, woraus der Jüng=
ling Achill trank,
Und der waldichte Oeta schimmert; es donnert
der Schneeberg
Ossa vom Lärm, und Olymp verdoppelt das
Waffengerassel.
Schon empörte sich jede Kraft; schon brannte,
verschwendrisch
Leuchtend der Ungestüm: sie hätte kein Fels,
noch des Strohmes
Tiefe verweilt; ihr Gestürm hätt' alles zu
Boden gerissen. — —

Warum wurde die Schlacht nicht solchem Mu-
the gegeben!
Grázia, die Verrathne, säh nicht so vieles
Gemetzel;
Pelops Städte, befreit vom Mavors, wären
voll Wohlstand
Und, Arkadiens Vesten sammt Lazedämons,
nicht Trümmer!
Dann umdampfte das Zwillings-Meer kein
Mordbrand Corinthens;
Keine Sklavenfesseln entführten Athen seine
Mütter!
Dieser Tag nur vermocht' all unser Unglück
zu wenden,
Und entnahm der Zukunft den Stoff für neues
Verbrechen.
Ach! Welch einen Triumph entriß uns die
Mißgunst Fortunens!

Rosse stampften; die Tuba tönte: da
drang zu den Ohren
Des gewapneten Führers das königliche Ver-
bot hin.
Staunend hört es der Held: ihn übermannet
auf einmal
Zorn und mächtige Trauer; verwundernd daß
diesem verzagten

Uebelthäter so vieles erlaubt sei.   Zweifel um
                    Zweifel
Wälzten den Doppelentschluß:  „Wie? sollt'
                    er vom tapfern Beginnen
Abstehn? Oder die Schlacht vollführen?"—
                    Illyriens Schäden
Brannt' er zu wenden: doch furcht' er des
                    Ungehorsames Vorwurf.
Ehrfurcht brach den Antrieb des Heldenmu-
                    thes: dort rieth ihm
Vaterlands Wohlfarth; doch hier die Furcht
                    vor Mißgunst. Unwillig
Hob er die Hände gen Himmel, und rief aus
                    der Tiefe des Herzens:


„Götter, noch immer nicht gnung von
                    Roms Verderben gesättigt!
„Wenn ihr dieses Reich von Grund auszu-
                    rotten, mit einem
„Sturze so vieler Jahrhunderte Zahl zu tilgen
                    beschlüßet;
„Wenn euch des Menschengeschlechtes gereut:
                    dann breche des Meeres
„Bandenlose Freiheit herein ins Gefilde!
                    Dann lasse
„Phaeton Zügel und Zaum auf irren Abwege
                    fallen!

„Aber, warum durch diesen Rufin? Durch
Ihn zu verderben
„Schämt sich die Welt. O Schmerz! Wir
werden den Waffen entrufen,
„Werden gezwungen die schon gezogenen
Schwerter zu senken!
„Ihr, baldflammenden Städte, baldstürzenden
Mauern, seid Zeugen,
„Daß ich, weichend, dem Zufall die elende
Welt überlasse!


„Wendet, Führer, die Fahnen! Es scheide
des Morgenlands Krieger!
„Still mit der Schlachtdromete! Gehorcht,
und haltet den Pfeil an!
„Schonet (Rufin befiehlt!) des nahbenach-
barten Feindes!“


Alle Rotten erbraußten bei dieser Rede.
So murren
Kaum Cerauniens Ufer von wellenschlagenden
Fluthen,
Oder die Donner, gebrochen vom feuchten Ge-
stürme des Westwinds. —
Sie verweigern die Trennung, begehren das
ihnen entrißne

Treffen, und beiderlei Heer behauptet den glor-
reichen Feldherrn.
Jeder zieht ihn zu sich. Da begann die Liebe
zu kämpfen;
Wechselnde Treue reizte zum nicht unrühm-
lichen Aufruhr,
Und sie klagten All', und zankten mit großem
Getöse.


„Wer entreißt mir das schon entblößte
Schwert, und die Pfeile?
„Wer gebeut mir, den schon gespannten Bo-
gen zu lösen?
„Wer erfrecht sich, dem Schwunge der Klin-
gen Gesetze zu geben?
„Einmal entflammt, vermag der Muth nicht
sanfter zu werden!
„Ha, schon fliegt freiwillig, nach Blut der
Fremdlinge dürstend,
„Mir mein Wurfspieß; es reißt der rächrische
Dolch mir die Faust fort,
„Und die Scheide verwehrt dem trocknen
Schwerte die Rückkehr.
„Soll ichs ferner noch dulden? Den Geten
immerfort unsre
„Zwietracht nützen? Noch länger das Bild
des Bürgerkriegs dauern?

„Warum trennſt du die blutsverwandten Hee-
          re; die alte

„Eintracht der Adler? Wir ſind, vereinigt
          und unauflöslich

„Nur ein einziger Leib. Wohin du gehn
          willſt; wir folgen!

„Folgen dir bis nach Thule, ſo weit es nach
          Norden gebannt iſt;

„Wir begleiten dich hin zu Libyens brennendem
          Sande!

„Suchſt du Indiens Seen, die Ferne des röth-
          lichen Ufers;

„Komm’ ich und trinke mit dir den Golderzeu-
          ger Hydaspes:

„Wenn du gebeutſt, im Süd des jungen Ni-
          les geheimen

„Strand zu betreten; dann werd’ ich die Welt
          ſtracks hinter mir laſſen!

„Denn, in welcher Gegend du deine Zelte be-
          feſtigſt,

„Dort iſt Vaterland!“

    Aber der Held verbot es. „Ich bitte,
„(Rief er,) laßt ab! Spart eure gierigen
          Hände! Das Drohen

„Euers Unmuths falle! Mir iſt dieſer Sieg
          nicht ſo wichtig,

„Als der Sieg über mich. — Ihr aber, treue
Gefährten,
„Lieben Jünglinge, — geht!" Er schwieg,
und wandte sich plötzlich.
Also weicht der Löwe, des Rückzugs nimmer
gewohnet,
Itzt mit leerem Rachen, wenn ihn der häufige
Jagdspeer
Oder die Hirtenschaar mit Feuerbränden ver-
treibet:
Seine fallende Mähn' umhüllt die sinkenden
Augen,
Und mit dumpfen Gemurr durchschleicht er die
zitternden Wälder.


Als die Legion sich nun getrennt und ver-
lassen
Sahe; dann ächzte sie laut: mit ströhmenden
Zähren benetzten
Sich die Helme; Seufzer erstickten die Stim-
men, und rangen
Mächtig klopfend unter den festen Bändern
des Panzers.
„Ha! Wir sind verrathen! (so riefen sie:)
Werden gehindert
„Solcher Liebe zu folgen! Du, bester Führer,
verschmähest

„Diese dir eignen Hände, so siegreich und oft
sie Bellona

„Dir erprobt hat. Wir sind verachtet! O
glückliches Westland,

„Das von solchem Gebieter regiert zu werden
verdiente!

„Ach, was frommt es uns nun, im Vaterlande
die lieben

„Pfänder wieder zu sehn, und unsern Pena=
ten zu opfern?

„Nichts hat Werth, ohne dich! Wir gehn dem
furchtbaren Wetter

„Des Tyrannens entgegen, der uns mit Arg=
list den grausen

„Hunnen, oder den wilden Alanen als Knechte
dahingiebt. —

„Dennoch sind wir nicht ganz von aller Stärke
verlassen!

„Dennoch haben wir keinen Mangel an führ=
baren Waffen!

„Ob du dort im Lande der sinkenden Sonne
verbleibest;

„Immer, Stilico, bist du noch unser Führer;
entfernt noch

„Bleibt dir unsre Treue geprüft: bald bringen
wir schuldig

„Dir das Opfer, und söhnen dich durch viel
hehre Gelübde!"

Trauriger schritt der Soldat itzt von Aemo-
　　　　niens Strande
Hin nach Mazeboniens Grenzen, und zog in
　　　　die Mauern
Thessalonichs.　Der Schmerz hing tief im
　　　　Innern verborgen:
Aber er bahnte den Weg der Rache zürnendem
　　　　Schweigen,
Schon erlas er den Ort für seinen Haß, und
　　　　erwählte
Schickliche Zeit zum Tödten: im ganzen Heere
　　　　war Keiner,
Der das drohende Herz mit sorglosen Worten
　　　　verriethe.
Welt und Nachwelt! bewundre, daß solcher
　　　　Menge Geheimniß
Nie verrathen, die That verschwiegen, das
　　　　Glühen der Seele
Weder im Wandrungsgespräch noch bei dem
　　　　Becher entdeckt ward!
Gleiche Festigkeit hielt den ganzen Haufen.
　　　　Dem Volke
Blieb es Geheimniß. — Sie rannten hin-
　　　　weg vom Hebrus; verließen
Rhodopen; nahmen den Weg über Thraziens
　　　　Höh'n und gelangten
Endlich zur Stadt, die sich nach Herkuls Nah-
　　　　men benennet.

Aber Rufin vernahm den Abschied Stilico's, hörte

Von der Cohorten Rückkehr, und triumphirte
mit stolzem

Nacken. Nun war er geborgen; er glühte
den Zepter zu nehmen,

Und sein Zuruf entflammte die festverschwor-
nen Genossen:

„Ha! Wir siegen! Verjagen! Nun ist die
Herrschaft ein Spiel uns:

„Weiter erschreckt uns kein Feind! Der mir
allein schon erbebte,

„Wird mich der, beschirmt von so viel Kriegern, besiegen?

„Mich Bewaffneten, der, auch ohne Waffen
ihm obstand?

„Geh nun! Sinn' auf Verderben für uns,
entfernt und vergeblich!

„Länder trennen uns nun, und Nereus rau-
schet darzwischen:

„Ha, du sollst, weil ich lebe, mir nicht die
Felswand der Alpen

„Uebersteigen! Von dort aus versuche dein
Pfeil mich zu treffen!

„Stolzer, schaff' dir ein Schwert, das bis an
unsere Mauern

300

„Von Italien reicht! Wie? Schreckt dich
              nimmer das Beispiel
„Des Vergangnen? Wer bracht' aus keckem
              Kampfe den Ruhm mit,
„Daß er diesen Fäusten entfloh? — Du aber
              bist mitten
„Aus der Welt verjagt, und aller Waffen be-
              raubet!
„Freunde, nun ist es Zeit zu Schmäusen, nun
              Zeit, an die neuen
„Legionen das Gold mit voller Hand zu ver-
              schenken.
„Morgen erscheint der Tag, der meine Wün-
              sche begünstigt.
„Was er nicht will, das wird Arkadius müs-
              sen. Gezwungen
„Theil' er das Reich mit mir! O nun entflieh
              ich auf einmal
„Diesen Schranken des Standes, und jenes
              Trotzers Verbrechen!"

    Also sprach er zur ehrlosen Schaar ver-
              sammelter Wichte,
Die, vom Diebstahle feist, mit Ihm in Gleich-
              heit vereinigt,
Nichts für schändlich hielt. Schandthaten
              waren der Freundschaft
                 Ban-

Banden: sie verlobten sich schon die Gattin-
                    nen Andrer,
Sie versprachen sich schon und wählten sich
               Städte zum Raube.

Tief in ihrem Schoos begann die Nacht
             itzt der Menschen
Arbeit zu stillen; es schwang die trägen Flügel
             der Schlummer.
Auch Rufin, ermattet vom langen Drange
             der Sorgen,
Sank im Schlafe dahin. Kaum ruht' er von
           Herzen; als plötzlich
Schreckliche Schattengestalten, die er dem
           Tode geopfert,
Ihm das Lager umgaukeln. Hellleuchtender
          als die andern
Schien die Eine zu sprechen: „Auf, auf vom
          Bette! Was quälst du
„Dich noch immer? Der Tag bricht an, der
          all deiner Arbeit
„Rast und Endschaft bringt: bald wirst du,
         der Höchste des Volkes,
„Wiederkehren; dich tragen die Hände des
         jauchzenden Pöbels."—

F

So weissagte der Geist.   Des Spruches Dop-
pelsinn täuschte
Selber Rufinen; er ahnete nicht des Todes
Verkündung.


Schon bestreifte der Strahl des Morgens
den Gipfel am Hämus;
Titan trieb geschwinder den eilenden Wagen,
Rufinens
Leichenfeier nun endlich zu sehn. — Er sprang
itzt vom Lager;
Er gebot, sein geraumes vom Volk erfülltes
Gehöfte
Fürstlich aufzuschmücken zum balderfolgenden
Gastmal,
Und das Trauer-Gold mit seinem Zeichen zu
stempeln.
Prunkender als sein Fürst, ging er zum Gruße
der wieder-
Kehrenden Krieger; schon schwoll er königlich
auf; er verwandte
Weibisch den Hals, schon sicher des Reichs;
als zierte schon lange
Purpur den Leib ihm, das Band der funkeln-
den Steine die Schläfe.

Wo der schmälere Strich der Stadt nach
Süden sich wendet,
Dort eröffnet sich eine benachbarte Pläne, um-
flossen
Von dem Meere, das hier die geringe Tren-
nung erduldet.
Schimmernd von Mavors-Geschmeid' entwik-
kelte seine Geschwader
Hier das rächrische Heer. Zur Linken weilte
das Fußvolk;
Reuter bezügelten dort die Laufbegierigen
Rosse:
Andere nicken furchtbar mit hochgefiederter
Scheitel;
Freun sich des Farbenspiels von ihren Achseln
verstreuet,
Die der Staal umhüllet und formt; verbun-
den durch Kunstwerk,
Werden auf ihren Gliedern die biegsamen
Bleche lebendig;
Fürchterlich anzusehn! Sie wandeln gleich
eisernen Bildern,
Und die Männer athmen im angebornen Me-
talle.
Aehnlich bekleidet, drohn die Rosse mit eisen-
bewehrten

F 2

Stirnen, und heben geschirmt die unverwund-
baren Schenkel.
Jeder stehet, vertheilt an seinem Platze: dem
Seher
Eine furchtbare Wolluft, und ein Vergnügen
voll Schrecken. —
Siehe, der Wind läßt nach; den bunten Dra-
chen entsinken
Ihre Ringe.   Nun grüßet zuerst der Kaiser
die hehren
Fahnen; ihm folget Rufin mit immertrügen-
dem Zuruf;
Lobet liftig, und nennet jeden mit Nahmen;
vermeldet
Ihnen der Väter  und Kinder Wohlseyn.
Aber indem sie
Mit verftelltem Gespräch bald dieß bald jenes
erwähnen,
Dehnten die langen Reihen sich rückwärts,
und suchten die Spitzen
Plötzlich zum Kreis zu vereinen: das Feld
verschwand; mit geschränkten
Schilden krümmten sich ihre Flügel unmerkbar
zusammen.
Also stellt der Jäger das mächtige Garn ums
Gehäge;
Also treibet der Meergewohnte Verwüfter die
Fische

Wie betäubet ans Ufer, verenget das dünne
Gewebe
Seines Netzes itzt schnell, und zieht den klaf-
fenden Saum zu.

Doch Rufin, voll Eifer, weiß nicht, daß
dieses Umringen
Ihm nur gelte: mit Ernst ergreift er den zö-
gernden Fürsten
Scheltend beim Gewande: „Steig auf zum
erhabenen Richtstuhl!
„Theile den Zepter mit mir, als deiner Würde
Genossen!" —
Plötzlich klirrten die Schwerter, und eine ge-
wältige Stimme
Tönte darzwischen: „Auch uns, o du Abscheu-
lichster, uns auch
„Hoffst du mit dieser Kette der Knechtschaft zu
binden? Ha, weißt du
„Nicht von wannen ich käm? Soll ich als
Schranze dir horchen,
„Ich, der Andern Gesetz und Freiheit wieder
verschaffte?
„Zweimal bezähmten wir schon den Bürger-
frevel, durchbrachen
„Zweimal die Alpen: der Krieg entwöhnt uns
vom Dienst der Tyrannen!"

Wie erstarrt' Er! Die Hoffnung zur Flucht
verschwand ihm; des Eisens
Saat umschimmert ihn dicht; zur Rechten
und Linken umfangen,
Stand er und staunte den Spitzen der ihn um-
kränzenden Schwerter:
Wie die Bache, vor kurzem aus väterlicher
Gebürge
Tiefem Forste hinweggefangen, zum Schauspiel
der Hetze
Nun verdammet, in Grimm den Kämpfer an-
fällt
Neckt sie mit Knurren, stützt sich aufs Knie,
und hält ihr den Spieß vor;
Vom Getöse gescheucht, besieht sie stutzend den
Schauplatz
Und verwundert sich über das Zischen des häu-
figen Volkes.

Schrecklich an Wort und Narbe, sprang
itzt der Kühnste von ihnen
Mit gezogenem Schwerte hervor: „Dich suchet, dich trifft nun
„Stilico's Hand, den du verjagt zu haben
schon prahltest!
„Fernher wütet sein Staal dir durch dein Inn-
res!" — So rief er;

Sein verdienstlicher Stoß durchfuhr die Lende
Rufinens. —

Glückliche Faust, die zuerst von diesem Blut,
geschöpft hat,

Und die müde Welt mit solchem Trankopfer
söhnte!

Alle Speere durchgruben ihn nun; die zittern=
den Glieder

Wurden zerfleischt; ein einziger Leichnam er=
wärmte die Lanzen

Alle; mit unbefleckter Spitze zu weichen, war
Schande.

Dieser entriß ihm das Haupt voll Geizblick
noch lebender Augen,

Jener die Stümmel der Arme; dort hieb ihm
einer den Fuß ab,

Hier zerschnitt ihm ein andrer die Nervenbän=
der der Achseln;

Jene, lößten die Rippen des schon zerbroche=
nen Rückgrads;

Diese, des Herzens Fasern, die Leber, der ath=
menden Lunge

Heimlichen Flügel: der Grimm fand keinen
Raum mehr, dem Hasse

Blieb kein Platz; sie ließen nicht ab von Ver=
nichtung des Leichnams,

Und noch immer starb der zerstümmelte Leth
vom Gewehre.
Röther ward nicht Aoniens Berg, als Pen-
theus zerrißne
Glieder, die Mänas trug; noch als die erblickte
Latona
Seinen grimmigen Hunden Aktäons Geweihe
dahin gab. —
Schicksal! hoffest du nun so dein Verbrechen
zu heilen?
Deine verschwendete Gunst durch diese Strafe
zu söhnen?
Willst du durch Einen Tod so viele tausend
vergüten?
O so theile Ruinen nur der verwüsteten Welt
aus!
Gieb den Odrysen sein Haupt; den Rumpf
verdienet Achaja:
Was den übrigen dann? Nimm Glied um
Glied nur; sie reichen
Allen zerstörten Völkern nicht zu!

Schon ströhmte der Pöbel
Aus der volkleeren Stadt ihm sicher entgegen,
Die Greise,
Selbst die Jungfraun hindert nicht Schaam
noch Alter; die Witwen,

Ihrer Gatten beraubet durch Ihn, verwaiste
Mütter,
Eilen zum Freudenfest herbei mit rüstigem
Spotte.
Sie ergötzt es, über zerrißne Glieder zu wan-
deln,
Und den weilenden Fuß mit getretnem Blute
zu färben:
Jammernd zerfleischen sie auch mit ämsig ge-
worfenen Steinen
Das abscheuliche Haupt, das hoch von der
Spitze des Speeres
Nicket, und itzt zur Stadt im würdigen Pompe
zurückkehrt.
Selber die Hand schweift nun als Spielwerk
umher; sie begehret
Geld; bezahlet den Geiz des Betrügers mit
schrecklichem Wucher;
Aeffet das Leben noch nach mit krummgezoge-
nen Fingern.


Mensch! Vertraue doch nie der Dinge
prunkendem Anschein!
Lerne den Wankelmuth der unbeständigen
Götter!
Diese Hand, die schon den Zepter faßte, zu
welcher

Sich der, schmeichelnde Kuß der Edelgebornen
herabließ,
Bettelt, noch unbegraben, getrennt vom elen-
den Körper,
Nach dem Tode sogar noch um ein Leichen-
geschenke.
Sie betrachte der Mann, dem seinen Nacken
das Glück hebt!
Siehe, der Pyramiden, Gebäude gleich Tem-
peln, zur Zierde
Seines Grabmals erhub; der liegt auf der
Straße zertreten!
Er, der schon in Gedanken in Sidons Purpur
sich hüllte,
Aeßet nackend die Vögel; o siehe, dem Welten-
besitzer
Mangelt ein wenig Boden; ihm, nirgends
und vielfach begraben,
Deckt ein dürftiger Staub kaum hin und her
seine Stücken! —

Itzt gewahrten die Himmel den Mord.
Die Erde verstieß nun
Ihre schändliche Last; die Sterne funkelten
wieder,
Und der Geist entsank hinab in die Sümpfe
des Orkus.

Als er kam, da schaudert selbst Aeakus; flu
   lend verfolgt ihn

Cerberus; ihn umringten von ihm gemordete
    Seelen,

Und sie schleppten ihn fort zur schwarzen Urne
    des Richters,

Mit feindseeligem Grimm. So fliegen die
    Bienen dem Hirten,

Der sie des Honigs beraubt, gehäuft ins Ant-
    litz, und summen

Mit den Flügeln, und drohn mit dem Stachel;
    geschirmt von der Schutzwehr

Ihres gehölten Felsens, vertheidigen alle des
    lieben

Vaterlands Winkel; ihr Schwarm verhüllt im
    Gedränge die Waben.


Dort ist ein Platz, wo Cocyts und Phlege-
    thons harmvolle Furthen

Sich vereinen; unfreundlich ist das Gestade
    von beiden:

Thränen wälzet jener, und dieser woget voll
    Feuer.

Näher den Flammen, erhebt sich zwischen bei-
    derlei Flüssen

Hier ein Thurm: ihm wäscht die demant-
    starrende Linke

Stetes Feuer; die rechte Seite spaltet Cocy-
tens
Traurigächzende Fluth, und hallt von Klag-
getön wieder.
Hier der Sterblichkeit Ziel nach nun vollende-
tem Leben!
Hier gilt weiter kein Rang, noch Unterschei-
dung des Schicksals;
Seines eitlen Nahmens beraubt, entthronet
den König
Hier der Bettler: er aber, der Forscher Minos, erwäget,
Stattlich auf hohem Stuhle, die Sünden allesamt; sondert
Schuldige von Gerechten. Sieht er, daß
jene noch läugnen;
Dann übergiebt er sie stracks des rauhen Mit-
bruders Streichen:
Denn Rhadamant ist nicht fern. Ein Richter der irdischen Laufbahn
Und begangener Thaten, mißt er mit Sorgfalt
die Strafe
Nach Verdienst; er gebeut der Bestien sprach-
lose Banden
Zu erdulden: in Bäre verwandelt er Grausame; Räuber

Macht er zu Wölfen; zu Füchsen gestaltet er
    falsche Betrüger.

Wer für immer, von Trägheit so wie vom
    Weine belastet,

Sich der Venus ergiebt und willig sein Leben
    dahinschwelgt;

Den verstößt er hinab in die Glieder des
    schmuzigen Ebers:

Wer zur Ungebühr schwatzt und jedes Geheim-
    niß vergeudet;

Den versetzt er hinunter zum Leben im fisch-
    reichen Wasser,

Daß er sein Geplauder mit ewigem Schweigen
    verbüße.

Also treibt sie sein Wink dreitausend Jahre
    lang fürder

Durch verschiedne Gestalten, bis Lethe sie völ-
    lig gereinigt:

Dann erst ruft er sie wieder zurück zur Ur-
    form der Menschheit.

Als er, eben entscheidend, das stygische strenge
    Gericht hielt,

Und, die ältern Verbrecher zuerst, sie peinlich
    befragte;

Da gewahrt' er gar bald Rufinen von ferne
            schon; maaß ihn
Mit dem ernstlichen Blick, und rief, daß der
            Richtstuhl erbebte:


„Näher, du Schandfleck der Welt! Heißhun-
            gernder Goldschlund, nur näher,
„Der um feilen Gewinnst sich jeder Unthat
            erfrechte!
„Du, (das schlimmste Verbrechen vor mir!)
            verruchter Verkäufer
„Des Gesetzes; du treuloser Antrieb des nörd-
            lichen Mavors;
„Dessen zahlloses Würgen Avernens Schlünde
            verengert,
„Und den Fährmann des vollgedrängten Na-
            chens ermüdet!
„Thor, wie darfst du noch läugnen? Sieh,
            deinen Busen entstellet
„Brandmal der Schand', und das Bild des
            tiefgewurzelten Lasters:
„Deine Thaten stehn nackend. So häufte
            denn jeglicher Schmerz sich
„Ueber dich her! Es schrecke mit immer dro-
            hendem Falle
„Dich der hängende Fels; es quäle das flie-
            gende Rad dich;

„Dir entfliehe der Quell;  den Mund des
             Schwimmers verdorre

„Der betrogene Durst;  der Geier verlasse
           sein Futter,

„Und er ziehe zum Fraaß an deinem Herzen
            hinüber!

„Alle Verbrecher, die hier in diesen Martern
            verschmachten,

„Sind nur Theile von dir, Rufin.  Verfre-
           velte härter

„Sich der kecke Salmoneus mit seinem Blitz?
           Oder Tantals

„Zunge, noch Tityus sich mit seiner verbrechri-
           schem Liebe?

„Fasse sie ganz in Eins, die Thaten Aller;
           noch gehst du

„Weit voraus.  Wer vermag so viele Sün-
           den mit gleicher

„Todesbuße zu söhnen?  Was soll ich, würdig
           des Ganzen

„Nun erfinden, da schon das Einzle die Stra-
           fen erschöpft hat? — —

„Weg mit dem Scheusal der Geister! Hinweg
           aus der Mitte der Schatten!

„Ha, schon sah ich genung: verschont mein
           Auge nun; reinigt

„Plutos Wohnung von ihm, und jagt ihn
mit rastloser Geißel.

„Ueber den Erebus, über den Styx, hinunter
zum öden

„Abgrunde; tief zur Titanen Finsterniß, jenseit des Orkus

„Wüsten, wo der Nacht dichtschattende Grundfeste ruhet!

„Athemlos sink' er dort stets tiefer, so lange
der Pol noch

„Seine Gestirne schwingt, und Stürme das
Meerufer peitschen!"

————————

Zwei-

## Zweiter Brief.

Würklich? So gefällt also meiner lieben Freundin dieser alte Römer, dieser bärtige Tribun, dieser ernste Geheimschreiber? Ich will doch nicht hoffen, daß Sie damit dem Gerichtsschreiber, Ihrem Freunde, als seinem treufleißigen Uebersetzer ein Kompliment machen wollen; ich will alles so buchstäblich annehmen, wie Sie es hinschreiben: genung unser Claudian gefällt Ihnen, damit ist mein Zweck erreicht, und so sollen Sie denn noch mehr von diesem Dichter hören, auf Gefahr, ob er Ihnen vielleicht noch mehr, vielleicht auch — etwas minder gefallen werde.

Zuförderst gebe ich Ihnen, liebe Kritikerin, doch nicht völlig zu, daß sich aus dem Epigramm auf den Reutergeneral Jakob, des Verfassers Heldenthum eben so wenig als sein Christenthum folgern ließe. „Es ist ein Persiflage, sagen Sie, dergleichen sich unsere orthodoxesten Epigrammatisten wohl mit unter

G

erlaubten, ohne in den Verdacht der Gottlosig-
keit zu fallen." In Rücksicht auf unser Zeitalter haben Sie Recht: aber in Rücksicht auf
jene Zeiten, so nahe am thätigsten Geschichts-
raume des immer sich weiter ausbreitenden
Christenthums, so nahe am Tode der ehrwürdigen Zeugen, die dessen Wahrheit mit ihrem
Blute verbürgten; da, liebe Freundin, würde
sich kein Dichter einen solchen Spaß mit ihnen
erlaubt haben, wenn er ein Christ gewesen
wäre. Doch was brauchen wir weitern Be-
weises? Seine Gedichte selbst charakterisiren
ihn durchgehends als einen erklärten Anbeter
des Olympus. — Lassen Sie uns nun seinen
Nachlaß wieder vor uns nehmen!

Eines seiner schönsten Werke ist das Gedicht, über den Krieg mit dem Geten-Könige
Alarich, den der römische Feldherr Stilico,
der Lieblingsheld seines Volks und auch unsers
Dichters, überwand. Ich muß hier einmal
für allemal zweierlei voraussetzen; erstlich,
daß ich Ihnen den Plan dieses, so wie der
übrigen Claudianischen Werke erlasse: denn
meistens ist dieser, wenigstens für unsre schon
anders gewöhnten Leser, allzusimpel und un-
bedeutend; Sie verliehren wenig oder nichts,

wenn ich ihn ganz übergehe. Nicht in ihm,
seiner Anlegung, Verwickelung und Auflösung,
sondern im Detail, in Zeichnung und Farbengebung, liegt unsers Dichters Stärke. Zweitens werde ich mir die Freiheit nehmen, künftig zu meinen Uebersetzungen, statt des Hexa-
meters, eine passende Prose zu wählen. Jener
Vers hat in seinem ganzen Baue so viel un-
endliche Schwürigkeit, erfordert so langweilige
Politur, giebt am Ende doch nur Stück- und
Flickwerk, und die vielen, Ihnen selbst mehr
als zu bekannten, verunglückten Versuche ihn
im Teutschen nachzubilden, sind so abschreckend,
daß ich mich bei meiner ohnehin sehr einge-
schränkten Muße damit schlechterdings nicht
weiter belästigen kann.

Ueberhaupt war das Mechanische der alten Poesie ganz etwas anders, als das der
heutigen. Wir begnügen uns wohl herge-
brachter Maaßen mit Zählung der Silben, wobei wir bloß dem durchs Gehör bestimmten Sprachgebrauche folgen. Der Reim
ist uns das Schwürigste; und wenn wir den
nicht hätten, so wär unser Mechanismus Kin-
derspiel. Ich sagte bestimmten Sprachgebrauche, hätte aber lieber sagen sollen un-

beſtimmten: denn eine Menge Silben lau-
ten uns eben ſowohl kurz, als lang. Der
Römer hingegen, der vom Reime nie etwas
wußte, ſetzte den Werth und die Kunſt ſeines
poetiſchen Mechanismus oder ſeiner Verſifika-
zion, in die möglichſt denkbarſte Beſtimmtheit
der Kürze und Länge ſeiner Silben. Das
bloße Gehör galt hier bei weitem nicht ſo viel
wie bei uns; vielmehr iſt es unläugbar,
daß ihre Grammatiker durch unverbrüchliche
Sprachgeſetze (deren Grund und Veranlaſſung
immer noch nicht hinlänglich enträzelt iſt,)
aufs genauſte feſtgeſetzt hatten, welche Silbe
kurz, lang, oder zweideutig ſeyn ſollte: dieß
ging ſo weit, daß zwar, zumal bei vielſilbig-
ten Worten, das feinſte Gehör und die gefü-
gigſte Ausſprache, den Unterſchied der Kürze
und Länge ganz unmöglich unterſcheiden noch
beſtimmen konnte: aber der Dichter war dennoch verbunden, dieſe Vorſchriften bei ſeinem
Versbaue aufs genauſte zu beobachten. Iſt
es nun alſo nicht äußerſt befremdend, daß gerade wir Teutſchen uns mit Eigenſinn beſtre-
ben, dieſe Versart nachbilden zu wollen, da
doch zu ſeinem eigentlichen Weſen die genauſte
Beſtimmtheit der Länge und Kürze der Silben
ausſchlußweiſe gehört, die unſrer Sprache, ſo

wie faſt allen neuern Sprachen fehlt? Dieß
iſt wohl ohne Zweifel die wahre und wichtigſte
Urſache, warum weder Franzoſen, noch Wel-
ſche und Spanier, dieſen Vers bei ſich zu na-
zionaliſiren ſuchen, ſo ein näheres Recht ſie
auch, in Kraft der Verwandſchaft ihrer Sprachen mit der Römiſchen, hierzu zu haben ſchei-
nen: aber ſie wiſſen, daß ihre Proſodie nicht
mehr die alte iſt, und ſo unterlaſſen ſie dieſen
Verſuch gar klüglich.    Eben ſo denkt auch der
Engländer.

Alſo, künftig in Proſa, liebe Freundin!
Auch dadurch gewinnen Sie eher noch auf einer andern Seite, als daß Sie verlöhren:
denn der Ueberſetzer, den das enge Band des
Silbenmaaßes nicht feſſelt, iſt weit eher im
Stande, den wahren Sinn und Geiſt ſeiner
Urſchrift zu faſſen und wieder zu geben, als
der rhytmiſche Ueberſetzer. — Genung von
dem allen! Ich ſchreite zu den Bruchſtücken
ſelbſt, die ich Ihnen aus dem Geten-Kriege
vorzulegen gedenke. — Zuerſt das Bild von
Stilico's beſchwerlichem Marſche, als er den
Feinden entgegeneilt.

„So zeucht in Winternacht der Löwe
furchtbar aus; läßt die hungrichen Jungen in
der Höle, und ſchreitet ſchrecklich ſchweigend

durch den tiefen Schnee. Die Mähne starrt ihm von Reif, die Borsten steift ihm der Frost. Er denkt nicht an den Tod; er achtet des Nebels nicht, noch der Kälte, wenn er nur seinen Kindern Nahrung schafft." rc.

"So, durch ähnliche Wüsteneien, dringt Stilico mitten durch den Frost. Hier hat Lyäus keine Becher; Ceres kömmt selten hieher. Zufrieden, seine Kost gewaffnet, und wie auf dem Raub genossen zu haben, vom feuchten Mantel belastet, spornt er sein frierendes Roß an. Kein weiches Bette ist seine Ruhestatt. Wenn die blinde Nacht mit ihren Finsternissen seine Bahn aufhält, begiebt er sich in der Bestien furchtbare Hölen, oder rastet in einer Hirtenhütte, den Nacken aufs Schild gelehnt. Erschrocken steht der Hirt vor dem großen Gaste, und sein bäurisches Weib zeigt dem schmutzigen Zöglinge den herrlichen Anblick des Mannes mit dem unbekannten Nahmen. Dieß seine harte Lagerstatt in schaurichen Wäldern; dieß sein Schlaf, im Schnee; dieß seine Sorgfalt und wachsame Thätigkeit!" rc.

Er versammelt die benachbarten römischen Truppen; sie kommen mit Jauchzen und Freudenthränen zu ihm:

„Wie der Rinder Heerde, vom stürmischen
Winter durch den Wald zerstreut, dem bekannten Gesange und dem Pfeifen des Hirtens, so
wie der Weide des alten Thals zueilen: sie
richten sich nach dem Rufen, sie antworten
treulich mit freudigem Gebrüll, und schon kommen hie und da durchs dunkle Gesträuch ihre
Hörner zum Vorschein." 𝔯.

„Aber, so viel glückliche Hoffnung uns
gegeben ward, eben so viel wurde dem Geten
entnommen, der, so nahe den Sternen, auf
seinem Berggipfel stand, nach überstiegenen
Alpen sich schon alles versprach, und nichts
mehr übrig zu seyn wähnte. Denn als er so
viel Ströhme, so viel städtische Mauern mit
Ströhmen umfaßt, so viel schnelle Fußgänger,
so viel Reutergeschwader vor sich, und sich
selbst, gleich in einem Fallstricke gefangen sah;
dann wogt' es ihm heimlich in der Brust:
ihn reuete des zu raschen Eifers, womit er
Italiens begehrte, und die Hoffnung zu Roms
Besitz schwand ins Ferne. Schon gesellten
sich Sorgen zu dem großen Entwurfe: aber
noch verbarg sein Mund alle Furcht. Er berief zu Rathe, die ersten der Seinigen, die
Krieg und Alter ehrwürdig machte. Mit

Pelzen angethan, ſetzten ſich die wildbehaar‑
ten Altväter in die Verſammlung, jeder ge‑
ſchmückt mit zahlreichen Narben; in noch
wehrhaftem Alter ſchwankten ſie an ihren Lan‑
zen daher, und ſtützten ſich ſtatt der Krücke auf
den hohen Wurfſpieß.“

„Einer unter ihnen, von höherem Alter,
deſſen Wort und Rathſchlag immer Zutraun
fand, heftete ſeinen Blick auf den Boden,
ſchüttelte ſein Haupthaar, lehnte ſich auf den
elfenbeinernen Schwerdtgriff, und ſprach:
Irr’ ich mich nicht in der Zahl, ſo iſt dieß ſchon
der dreißigſte Winter, ſeit wir über den reiſ‑
ſenden Iſter ſchwammen. Seit ſo viel Jah‑
ren hintergingen wir der Römer Fauſt. Aber
noch nie trieb der Kriegsgott, dich o Alarich,
enger ein als itzt. Glaube du das einem
Greiſe, der in ſo viel Kämpfen alt ward, der
dir von Jugend auf als Vater galt, dich mit
dem Spielzeuge des Köchers beſchenkte, und
den kleinen Bogen um deine Knabenſchulter
hing. Oft, aber umſonſt, rieth ich, daß du
Bündniß halten, und in deinem ſichern Theſ‑
ſalien bleiben ſollteſt. Da dich nun aber die
Flamme der Jugend hinriß, nun bitte ich;
wenn du noch irgend eine Vorſorge für die

Deinen haft, entfleuch dieser Falle! Entrinne
dem Hesperischen Lande, noch weil jene Kriegs-
schaaren fern sind, noch weil du's darffst; damit du nicht über der Gier nach Beute, das
Gewonnene wieder verliehrest, und dich Wolf
nicht der Hirte in seinen Umzäunungen wegen
vorheriger Verbrechen zur Strafe ziehe! Was
führst du doch immer, ich weiß nicht welch ein
Rom nebst seiner Tiber im Munde? Sagten
unsre Väter die Wahrheit, so kehrte keiner,
der diese Stadt in unsinnigem Kriege befiel,
mit Freude von ihrer Beleidigung zurück.
Die Götter verlassen diesen ihren Sitz nicht.
Man sagt, daß fernhin auf den Feind Blitze
geschleudert würden, und göttliche Flammen
flögen für diese Stadtmauern. Entweder der
Himmel donnert, oder Rom!"

„Den greisen Sprecher mit der glühenden Stirn, ertrug Alarich nicht länger. Er
sah ihn überzwerch an, und der auflodernde
Stolz riß ihn zu diesen Worten hin:" ꝛc.

In einer Rede voll Sturm, widerlegt er
nicht sowohl den Gotischen Greiß, als daß er
seinen Entschluß bekräftigt, diesen Erdboden
entweder als Ueberwinder zu beherrschen, oder

als gefallener Besiegter zu bedecken. Er wagt
die Schlacht mit Stilico, und wird völlig aus
dem Felde geschlagen. Vergebens bot er seine
ganze Kraft auf, vergebens warf er den sie-
genden Römern seine geraubten Reichthümer
in den Weg; sie traten (wie der Dichter sagt;)
die verachteten Schätze mit Füßen, und Blut
war ihnen köstlicher als Gold.

Hoffentlich, liebste Freundin, werden diese
Stellen hinlänglich seyn, Ihnen von unsers
Claudians Talente zu Schilderung kriegeri-
scher Gegenstände, einen Begriff zu machen.
Ist es Ihnen aber nun gefällig, so wenden
wir uns von der Rüstkammer zur Galanterie-
bude, vom Bataillenmahler zum Verfertiger
einer artigen Familienschilderei. Claudian
hatte dem Theodosischen Hause sein ganzes
Glück zu verdanken: daher war ihm alles,
was diesem angehörte, Arcadius, Honorius,
ihre Nichte Serena, und der durch sie mit ihnen verschwägerte Stilico, äußerst merkwürdig
und lobenswürdig. So viel Ehre dieser Zug
der Dankbarkeit seiner edlen Seele bringt, so
viel Schönes auch seine Lobgedichte auf diese
seine verehrten Gönner enthalten; so über-
treibt er doch manchmal die Sache würklich,

und tauscht seinen Pinsel in die unwahre
Schminke der Schmeichelei. Zu Gemälden
dieser Art muß man sein Lobgedicht auf vor
erwähnte Serena rechnen, eine Bruders Tochter des Kaisers Theodosius des Großen, die
seinem Bruder Honorius, lange zuvor eh dieses Haus zur Kaiserwürde kam, in Spanien
gebohren wurde, nachher aber den großen Feldherrn Stilico heirathete. Ihren ganzen
Lebenslauf von Kindesbeinen an, staffirt der
Dichter mit Wundern aus. Man glaubt sich
in das Land der Feen versetzt. Hören Sie
ihn selber!

,,Als du gebohren wardst, überströmte
nach der Sage, der schwellende Tagus die
fetten Triften mit seinen Reichthümern. Gal-
lizien schimmerte von Blumen, und der zier-
liche Durico verwandelte auf seinen rosenfarb-
nen Ufern die Wollenheerden in Purpur; Edel-
steine warf der Cantabrische Ozean aus nach-
barliche Gestade; der bleiche Asturier irrte
nicht mehr in ausgehölten Schachten der Berge umher; die Flöße brachten ihr Gold dem
hehren Geburtsfeste freiwillig dar, und die
Flußnymphen sammelten blitzende Juwelen.
Nereiden, die dem fortströhmenden Wasser

und der Fluth des Meeres folgten, kamen itzt
sichtbar mit den wiederkehrenden Flüssen zurück; nannten die künftige Herrscherin mit
Frohlocken, und sangen ihrem Hochzeitbette
die glücklichste Vorbedeutung." &c.

"Unsterblich war die Amme, die den Vorzug deiner Wiege verdiente. An ihrem bal-
samischen Busen nährten dich zuerst die Ho-
ren, und die dreifachen Grazien schlangen
ihre nackten Arme um dich, hauchten dich an,
und lehrten dich reden. Wo du auf Kräutern herumkrochst, fielen Rosenblätter herab,
und wuchsen weiße Lilien: schloß der sanfte
Schlummer dein Auge, dann sproßten pur-
purne Violen durch die grasichte Lagerstatt,
ein blühendes Vorbild des königlichen Torus."

"Fest umschlossen hielt dich Vater Honorius auf dem Arme, wenn Theodosius mit Eil
zu der brüderlichen Wohnung kam, dich küßte,
und fröhlicher dich in sein Haus trug. Da
wandtest du dich mit sanfter Klage zur Mutter: "Warum gebeut doch dieser Mann stets,
mich von unsern Hausgöttern hinweg zu nehmen?" So sagtest du, und dein Irrthum
ward zur Prophezeihung."

Theodosius nehmlich ward Kaiser, und
ließ auch Serenen nebst ihrer Schwester und
seinen übrigen Verwandten aus Spanien nach
Rom kommen. Die Reise geschah zu Wasser.
„Wie wenn die Latonische Jungfrau, und ihre
vom Jupiter gebohrne Schwester, den Reichs-
antheil ihres meerbeherrschenden Oheims be-
suchen; dann weichen die schäumenden Wogen
und verehren den Schritt der keuschen Göttinnen: die muthwillige Galathee hört auf zu
scherzen, der unverschämte Triton wagt es
nicht Cymothoen zu berühren, Schamhaftigkeit gebietet dem Meere strengere Sitten, und
Proteus verwehrt den Ungeheuern Neptuns
ihre schändlichen Umarmungen." ꝛc.

Das alles ist nun freilich bloße Schmeichelei: aber es ist doch nicht zu läugnen, daß
diese Züge sehr mahlerisch in Zeichnung und
Kolorit sind. Schade, daß dieses Gedicht
verstümmelt auf uns kam! Es fehlt der
Schluß, und vielleicht die eine ganze Hälfte.

Wir kommen nun zu einem der vorzüglichsten Denkmäler unsers Claudians, zu dem
Epithalamium des Palladius und der Celerina.
So sehr auch Gelegenheitsgedicht, so ist es
doch im Ganzen und Einzeln betrachtet, ein

kleines Meisterstück, voll der niedlichsten und
lachendsten anakreontischen Bilder; eben so
reizend für den Leser, als wichtig für den
Maler erotischer Gegenstände.  Der Anfang
scheint ganz und aufs glücklichste von einem
herrlichen Gemälde kopirt zu seyn.

„In schmeichelnder Kühlung den Schlaf
suchend, hatte Venus ihre himmlischen Glieder
auf das dicke Gras hingegossen: sie lag auf
zusammengehäuften Blumen; über sie kräu-
selten sich dichte Weinreben, und schwankten
mit ihren wilden Trauben.  Nachläßig zierte
der Schlummer ihr Gesicht; die Wärme ver-
schmähte das Gewand, und der enthüllte Busen schimmerte durchs Gezweige.  Rings umher waren ihre Idalischen Dienerinnen; dreifach umschlungen ruhten die Grazien unter
der gewaltigen Eiche.  Geflügelte Knaben
lagen, wie jeden da oder dorthin der Schatten gelockt hatte; ihre Bogen schwankten an
den benachbarten Aesten, die hängenden Köcher
blinkten in friedlichem Feuerglanze.  Andere
wachen und spielen, und irren durchs Gesträuch, forschen nach Vogelnestern, oder sammeln Aepfel für ihre Göttin zum Geschenk,
schlüpfen an den Rebschössen herum, oder

ſchwingen ſich mit ihren Flügeln auf die Wipfel der Ulmen. Andre beſchirmen den Hain,
verjagen die Neugier der leichtfertigen Dryaden, ſammt den Göttern des Feldes und Wal-
des; ihre beflammten Pfeile bedrohn die Faunen, die von weitem nach dem Geheimplatze
herüberſpähen. "

„Plötzlich ertönte mancherlei Getümmel
von der benachbarten Stadt her; das Frohlocken der Jünglinge, und die Leiern mit Liedern vermiſcht: alle Berge Italiens ſangen
von Celerinen, alle Gefilde tönten von Palladius dem Vermählten. Die liebliche Stimme dräng ins Ohr der Göttin; von dem Ge-
räuſche geweckt, ſetzte ſie ſich auf, und rieb
mit dem glänzenden Daumen den übrigen
Schlummer hinweg: in zerſtörtem Haar und
aufgelößten Locken erhob ſie ſich von ihrem
weichen Lager. Unter der Schaar der Ihrigen und der unzählbaren Liebesgötter, ſuchte
ſie den Hymenäus. Dieſen Sohn der Muſe
hatte Cytherea gewählt, und zum Beſchützer
des Ehebettes beſtellt: ſonder ihn iſt es Frevel, die Brautkammer zu beſchreiten, noch die
hochzeitlichen Erſtlings-Fackeln zu erheben.
Endlich erblickte ſie ihn: denn unter dem
hohen Platanus lag er hingeſtreckt, verband

ungleiches Schilfrohr mit Wachse; seine Lippen versuchten bald Mänalische Melodien, bald flüsternde Hirtenlieder, und sein wiederkehrender Mund veränderte mit abwechselndem Hauche das Getön des zarten Rohres. So bald er die Göttin sah, stand er auf; mit stillem Fall entschlüpfte die Pfeife seinen Fingern. Sanft schimmerte sein Auge: Schamhaftigkeit und Sonne hatten ihm die Wangen feuerroth gefärbt; den zweideutigen Schatten ihrer Milchwolle umfloß das unverschnittne Haupthaar. Dem Schweigenden rief die Göttin zu:"

„Knabe, wirst du denn nimmer die geliebten Lieder aufgeben? Wirst du denn nimmer des Musenspieles satt, du Nachäffer deiner Mutter? Was treibst du denn da für dich, mitten in der Tageshitze, für Gesang? Wurde dir denn das bräutliche Zitterspiel so verhaßt? Liegen dir nur Bacchus Schlupfwinkel, und die Viehheerden so am Herzen, sammt der vom Felsen wiederkehrenden Echo? — Komm! Erzähle mir die Veranlassung jener Fröhlichkeit; welchem hochzeitlichen Bette diese Feier gilt; was für eine Jungfrau ausgesteuert wird? Sage mir beider Vaterland, Geschlecht und Abkunft!" ꝛc.

„Schon

„Schon längst, (erwiederte Hymenäus;) o Göttin, war ich verwundert, daß du bei solch einer wichtigen Verbindung ruhig bliebst." — — Und nun giebt er ihr Nachricht von den berühmten Geschlechtern des Bräutigams und der Braut; worunter sich besonders nachfolgende vortreffliche Stelle von Celerinens Sippschaft auszeichnet: „Edel ist ihrer Mutter Abkunft, stolzierend mit urväterlichen Trophäen, und voll Glanz von der Thatkraft jenes Celerinus, des Beschützers Aegyptens, der, als ihm nach Catra's Besiegung Parthiens Ströhmen, der Soldat den Zepter anbot, und ihn zum Herrscher erheben wollte, das Prachtgetümmel verachtete, und die Ruhe der Regierung vorzog ꝛc. Schlecht stand zuerst der Purpur, der Tugend nach; hier erwarb sich die zuvorkommende Majestät Verschmähung, und das Glück beklagte, daß es kleiner sei als der Mann, dem es sich anbot. Groß war er durch die angetragene Obergewalt, größer durch die ausgeschlagene ꝛc. Keusch ist dies Haus, aufrichtig seine Treue, emsig sein Fleiß; Stiliko hat es gewählt: mehr läßt sich zu seinem Lobe und seiner Würderung nicht hinzu fügen. Bei der Vermählung eines solchen Mädchens ist

H

fehlen, — o Göttin, däuchte dir das nicht
selbst Unrecht? Führ uns alle, führ uns fort,
der Verzug! Ich habe Lust, die welkenden
Kränze zu schütteln, die Fackeln zu schwingen,
und die Nacht im Spiel zu verwachen. Auch
diese Rohrpfeife wird mir nicht geringen Nützen
bringen: denn sie wird den Chören antworten.„

„Die Göttin aber badete sich im kühlen
Quell, gab ihren Locken die Ordnung, und
ihrer Gestalt die Zierde wieder. Sie warf
ein wunderschönes Gewand von frischgepreßter
Dionäischen Leinwand um sich. Ihr Wagen
wurde mit Blumen geschmückt, von Blumen
düftete sein Geschirr. Blühende Zügel banden ihre Tauben an, und von allen Seiten eilten
Vögel herzu, die den brausenden Etschstrohm
mit ihrem Gesange besänftigen, die der La-
rius hört, und der Gard-See ernährt, oder
der Menzo an seinen ruhigen Wassern auf-
nimmt. Die Wellen erstaunten, da ihnen
ihre holden Klagsänger entrissen wurden. Der
fliehende Schwan verließ das Ufer des Po's
und des rauhen Ravenna's Seen. Da trieben die Amoretten ihr Gescherze! Auf ihren
angeschirrten Vögeln schwebten sie keck durch
die Wolken, zeigten sich allesammt der Göttin,

und kämpften mit großem Geräusch. Sie
boten sich selbst den Streichen dar, und fielen
unverletzt herab: denn ihr Sturz ward durch
ihren eignen Flug gemildert, und der Fuhr-
mann übertraf sein Gespann."

„Sobald sie die Thüre der Brautkammer
erreichten, so stürzten sie ihre Körbe, vom
Lenze geröthet, um, und regneten reichlich
aus ihren vollen Köchern Violen und Rosen
herab, gesammelt auf Venus Gefilde, deren
Sirius schont, und ihre zarten Knospen unter mildern Gestirn erzieht 2c. Cytherea aber
ging hin zur Braut, und zog die züchtig-
weinende vom Schoose der Mutter hinweg.
Die jungfräuliche Reise schwoll empor; ihre
Weiße übertraf den Schnee und die Lilien;
die goldgelben Locken des Mädchens bezeugten
ihre Geburt am Ister."

„So ergriff sie die rechte Hand des Mannes, übergab ihm die rechte der Jungfrau,
und weihte den Ehebund mit diesen Segens-
worten ein: Lebet in Eintracht, und lernt
meine Gaben gebrauchen! Tausend Küsse
müssen ertönen; von Umschlingungen müssen
eure Armen wund seyn, und eure Lippen
eure Geister festbinden! Jüngling, vertraue

hier nicht auf angestammte Tapferkeit. Nicht
im Schrecken bändigen, sondern durch süße
Bitte beruhigen, mußt du das Mädchen.
Auch du, o Braut, suche nicht mit feindseli-
ger Hand scythischen Zorn auszuüben. Er-
laube den Sieg, bittet Venus. So
wirst du Gattin, so wirst du Mutter werden!
Was nässest du so deine Augen? Glaube mir,
den du jetzt noch scheuest, den wirst du lieben. — So sprach sie, und berief aus dem
geflügelten Schwarme zwei gleichähnliche
Zwillingsbrüder, beide sicher von Hand und
Bogen. Sie hüpften plötzlich herbei, der
Knabe Aethon, und Pirois, die röthlichen
Flügel mit Purpur gefleckt; mit ihren in lau-
tern Honig getauchten Pfeilen, zielt dieser auf
die Braut, jener auf den Mann. Die an-
gespannten Bogen ertönten; gleich sicher traf
sie beide das Rohr, gleich fest hingen die Pfeile
in ihrem Marke."

Vor allen Dingen, Freundin, verzeihen
Sie immer der Venus ihre Bitten und Lehren: es spricht ja die Göttin der belohnenden
Liebe, und warlich noch weit bescheidner, als
sie mancher unsrer hochzeitlichen Dichterlinge
in seinem Carmen sprechen läßt, das (zum

großen Glück!) ungelesen weiter zu nichts
dient, als bey Aufhebung der Tafel Bonbon
und Devisen hinein zu packen. — Im Ganzen, das weiß ich schon, wird Ihnen dieses
Gedicht gewiß gefallen. Es ist allein hinrei-
chend, den eigenthümlichen Geist unsers Claudians völlig zu charakterisiren. Sein Genie
weiß in dem alltäglichsten Gegenstande dichterischen Stoff zu finden und auszubilden:
alles personifizirt sich seiner lebhaften Einbildungskraft, und sein Geschmack setzt daraus
Bilder und Gruppen zusammen, denen es nie
an schöner Zeichnung, Kolorirung und Deutung fehlt. In diesen Eigenschaften bleibt er sich
durchgehends gleich; wie Sie ihn jetzt kennen
lernten, so würden Sie ihn auch in allen übrigen Stücken seines Nachlasses finden; überall
den kräftigen Bildungsgeist, sein Stoff sei
ernst oder anmuthig: ich übergehe sie also aus
eben dieser Ursache.

Nur eines noch, sein wichtigstes und
schönstes, das aber auch leider kaum zur
Hälfte auf uns gekommen ist, muß ich Ihnen
näher bekannt machen; seinen Proserpinen-
Raub, eine förmliche Epopöe. Hier vereinigt er sein ganzes Talent, alle seine dichterischen Eigenschaften und Kräfte; dieses Ge-

dicht allein hat er ohne Rücksicht auf persönliche
Verhältnisse (die sonst immer seine Muse er-
weckten und leiteten,) im vollen Drange seines
Genius, und, wie man überall deutlich sieht,
mit Liebe, als sein Meisterstück gearbeitet.
Er selbst, bei dem Sie sonst nicht die mindeste
Spur eines Dichterstolzes finden, sieht dieses
Gedicht, als die Frucht seiner gereiftern Kräfte,
mit stolzem Wohlbehagen an.     Nicht ohne
wahres Vergnügen habe ich es ganz, so weit
wir diesen köstlichen Torso besitzen, übersetzt,
und sende es Ihnen in der Beilage.     Von
Ihnen, Liebste Freundin, erwarte ich nun,
daß Sie es nicht nur (wie ich ohnehin fest
voraussetzen darf,) mit Aufmerksamkeit lesen,
sondern mir auch Ihr umständliches kritisches
Urtel darüber eröffnen.     Sie sind mit der
Mythologie der Römer bekannt genung, um
alle sich dahin beziehende Nahmen und Personen
zu verstehn: um so füglicher konnte ich mir
also alle Randglossen und Noten ersparen.

    Leben Sie glücklich, und geben Sie mir
— wenn auch nicht allzuschnell — Ihr Endurtel über unsern Römer hübsch vollständig!

                          Kretschmann.

## Beilage.

## Der Proserpinen=Raub.

### Erstes Buch.

Wer zuerst mit neuerfundenem Schiffe das tiefe Meer durchschnitt, mit ungeformten Rudern die Wasser theilte, und seinen Nachen kühn den zweifelhaften Winden überließ; der fand durch Kunst eine Bahn, die uns die Natur versagt hatte. Zitternd vertraute er sich zuerst den ruhigen Wogen, und umschiffte, sichern Weges, die äußeren Ufer; bald begann er die weiten Meerbusen zu versuchen, das Land zu verlassen, und sein Seegel dem sanften Südwinde zu entfalten: aber als ihm die rasche Kühnheit wuchs, und sein Herz die schmachtende Furcht verlernt hatte; nun seegelt er fröhlich durch das Weltmeer, folget dem Himmel, und bändiget die Aegeischen und Jonischen Winterstürme. —

Die Rosse des unterirdischen Räubers, die Gestirne von Tänarus Wagen angeweht, und die dämmernde Brautkammer der Juno in der

Tiefe, gebeut mir der Drang meines Geistes
durch kühnen Gesang zu verrathen. Weicht
zurück, ihr Ungeweihten! Schon vertreibt
heilige Wuth Menschensinn aus meiner Brust,
und mein Herz athmet den ganzen Phöbus.
Schon seh ich, es wanken die Tempel auf ihren zitternden Gründen, und ihre Zinnen
verbreiten helle Klarheit, die Zeugin des an-
kommenden Gottes. Schon höre ich tief her-
auf die Erde rauschen; der Cekropische Tempel hallt vom Gebrüll, und Eleusis erhebet
heilige Fackeln. Zischend richten die Schlangen des Triptolemus ihre Schuppenhälse unter dem krummen Joch auf, und recken meinem Gesange den rosenrothen Kamm empor.
Siehe! dort fern geht die dreifach gebildete
Hekate auf, und der sanfte Jacchus schreitet
einher, das Haar mit Epheu umlaubt; ihn
umhüllt der parthische Tiger, die goldnen
Klauen in einen Knoten geschürzt; seinen
trunkenen Schritt stützt der mäonische
Thyrsus.

Ihr Gottheiten, denen der zahllose und
träge Pöbel der öden Unterwelt dient; deren
geizige Gaben nur dem, was auf der Erde

zu Grunde geht, zu Theil werden; die der
Styx mit seinen schwarzblauen Wasserfürthen
umglebt; denen der Phlegeton, seine rauchen-
den Fluthen dahin schleudernd, in schnauf-
senden Wasserwirbeln leuchtet: eröffnet mir
das Innerste euers Heiligthums, die Geheim-
nisse euers Himmels; durch welche Fackel
Amor den König der Unterwelt bezwang;
durch welchen Raub entführt, die verzweifelnde
Proserpine das Chaos zum Brautgeschenk
erhielt, und wie viel Länder ihre Mutter mit
Angst durchirrte; bis die Völker Gesetze bekamen, die Eichelkost aufhörte, und Jupiters
Baum den neuerfundenen Aehren nachstand!

Der Gebieter des Erebus, in hochflam-
mendem Zorn entbrannt, wollte den Himmelsgöttern Krieg ankündigen, weil er allein von
ehelicher Verbindung ausgeschlossen, schon
langehin seine unfruchtbaren Jahre verlebte.
Die Geduld verließ ihn, daß er allein kein
Ehebette haben, keine Wollust des Mannes
empfinden, noch den süßen Vaternahmen hören sollte. Schon rannten alle Ungeheuer im
Abgrunde des Todes zu Kriegshaufen und
Schlachtordnungen zusammen; die Furien ver-

schworen sich wider den Donnerer; ja, die
mit schädlichen Nattern behaarte Tisiphone
schwang den trauriglodernden Fichtenbaum,
und rief die Verstorbenen bewaffnet ins blasse
Lager. Bald hätte der Kampf der Elemente
dem widerstrebenden Weltall die Treue gebrochen; bald hätte die Titanenbrut, gefäng-
niß- und bandenlos, den Glanz des Himmels
wieder erblickt; bald hätte der blutige Aegäon
alle Fesselknoten seines Körpers entwickelt, und
mit seiner hundertfältigen Lebenskraft des ent-
gegenkommenden Blitzes gespottet. Aber die
Parzen wandten dieß Drohen ab: in Furcht
für die Welt, warfen sie ihr greises Alter fußfällig vor den Thron des Herrschers; flehen-
den Gesichts umfaßten sie sein Knie mit ihren
Händen, die über alles rechtliche Gewalt haben, die Reihen der Schicksale durch ihre
Finger führen, und lange Jahrhunderte durch
ihre eisenfesten Fäden entwickeln.

Lachesis, mit aufgelößten zerstreuten
Haaren, rief zuerst dem aufgebrachten Könige
zu: „Höchster Schiedsrichter der Nacht, Be-
„herrscher der Schatten, für den unser Ge-
„spinnst arbeitet; der du dem Weltall Ur-
„sprung und Ende gewährst, und die Geburt

„durch wechselseitigen Tod im Gleichgewicht
„erhältst, o König über Leben und Sterben!
„Was überall der allgemeine Stoff hervor-
„bringt, wird nur durch deine Gaben erschaf-
„fen; dir allein gehört es zu eigen; nur
„durch dich werden in der Zeiten bestimmtem
„Kreislaufe, die Seelen wieder in körperliche
„Gliedmaaßen gewandelt. O suche nicht diese
„festen Friedensgesetze, die wir gaben, die
„unser Rocken gesponnen hat, aufzulösen! .
„Brich nicht den Bruderbund durch innerlichen
„Kriegsruf! Warum willst du diese heillosen
„Fahnen erheben; warum den verbrecherischen
„Titanen die Lüfte wieder eröffnen? Fodre
„vom Jupiter; und dir wird eine Gattin ge-
„geben werden!“

Kaum sprach sie's, als er schonend ihren
Bitten erröthete. Sein grimmer Geist, obgleich jeder Biegsamkeit ungelehrig, ward ge-
lassener. So, vom Schnee und Eise rauh,
die Fittige vom Getischen Hagel gefroren, bewaffnet sich der mächtige Boreas, verlangt
Krieg, und will das Meer, den Wald und
die Gefilde durch seinen lautstürmenden Hauch
verwüsten: aber unvermuthet wirft Aeolus
das eherne Thor zu; kraftlos verschwindet der

Ungestüm, und die gebrochenen Sturmwinde
kehren in ihre Höhlen zurück.

Da befahl er, den Sohn der Maja her-
beizurufen, daß er seine flammenden Worte
zum Olymp brächte. Sogleich stand der cyl-
lenische Flügelbote vor ihm, mit seinem Reise-
hute bedeckt, und die schlafbringende Ruthe
schwingend. Auf seinem rauhen Throne,
furchtbar in seiner schwarzen Majestät, saß
der König, den gewaltigen Zepter in der Hand,
das hohe Haupt mit einer trauernden Wolke
verfinstert. Seine wilde Gestalt starrte von
Unfreundlichkeit, und der Schmerz vermehrte
das Schrecken. So donnerte sein erhabener
Mund folgendes: (zitternd verstummte seine
Hofstadt, als ihr Tyrann sprach; der unge-
houre Thürwächter hielt sein dreifaches Gebell
an, der Cocyt setzte sich an die zurückgehaltene
Thränenquelle, Acherons Woge schwieg, und
es ruhte das Gebrause des Phlegetontäischen
Ufers:)

„Enkel des Atlas, (sprach er,) gemein-
„schaftliche Gottheit zwischen Unter- und Ober-
„welt, der du in beiden Grenzen gleiches
„Recht hast, in beiderlei Welten dein Werk
„treibst; geh, durchschneide die schnellen Lüfte,

„und ſage dem ſtolzen Jupiter, was ich dir
„befehle. Sprich: Gebührt dir, grauſamſter
„der Brüder, ſo viel Gewalt über mich?
„Hat denn das nachtheilige Glück mir mit dem
„Himmel auch alle Kraft entraubt? Habe ich,
„mit dem Lichte des Tages, auch Stärke und
„Waffen verlohren? Oder glaubſt du, ich
„liege hier in Trägheit, weil ich keinen Cy-
„klopenpfeil zücke, noch die leere Luft mit dem
„Donner äffe? Nicht genung, daß ich, aus-
„geſchloſſen von der Anmuth des Lichts, mir
„dieſen dritten Theil der Oberherrſchaft, ſammt
„dieſen ungeſchlachten Gegenden, geduldig
„gefallen ließ; da dich hingegen der fröhliche
„Thierkreis und das Siebengeſtirn mit man-
„nigfaltigem Glanze unſchmücket: du ſchlüßeſt
„mich auch von ehelicher Verbindung aus!
„Amphitrite nimmt den Neptun in ihren
„meergrünen Schoos auf; wenn du dich müde
„gedonnert haſt, empfängt dich Juno an ih-
„rem blutsverwandten Buſen: ich mag nichts
„von deinen andern Liebſchaften erzählen.
„Du nur haſt ſo gewaltige Schöpferkraft!
„Dich nur umringt ſo vieler Kinder beglückter
„Haufe! Ich aber, trauernd und unrühmlich
„in meiner verödeten Hofſtadt, ſoll mir nie
„die raſtloſen Sorgen durch ein Ehepfand

„tröſten? Nein, länger ertrage ich dieß
„nicht geruhig! Bei dem Urſprunge der Nacht,
„bey dem hehren Gewäſſer des ſchrecklichen
„Styx, ſchwöre ich dir, wenn du mein Ver-
„langen verweigerſt, ſo wiegle ich den eröff-
„neten Tartarus auf! Die alten Ketten Sa-
„turns will ich löſen; mit Finſterniß will ich
„das Licht überziehn, und die ſchimmernde
„Himmels-Axe bandenlos mit dem Schatten
„der Hölle vermiſchen!“

Kaum ſprach ers, ſo durcheilte der Bote
ſchon die Geſtirne. Der Vater der Götter
vernahm, und erwog dieß Verlangen bei ſich
ſelbſt. Mannigfaltig waren ſeine Gedanken,
welches Göttermädchen dieſe Eheverbindung
eingehn, und ſtatt des Sonnenlichts die ſty-
giſche Abgeſchiedenheit wählen würde. Endlich kam der Forſcher zu feſtem Entſchluß.

Nur eine, doch eine beneidenswürdige
Tochter hatte Ceres. Lucina gewährte ihr
keine zweite: aber ſie war ſtolzer als alle andere Mütter, und den Verluſt der Anzahl er-
ſetzte die einzige Proſerpine *). Schon war

---

*) Ein hier eingeſchaltetes Gleichniß von einer
Kuh mit dem Kalbe, von dem ich gar nicht be-
greifen kann, wie Claudian darzu kömmt, laſſe
ich zu ſeiner Ehre weg.

in der Fülle der Jahre, die Jungfrau dem
Hochzeitbette entgegen gewachsen; schon kämpften schmachtende Flammen mit zarter Schamhaftigkeit; schon durchzitterte sie mancher
Wunsch, mit Furcht gemischt. Die Hofstadt
der Mutter ward schon von Freiern laut; um
die Jungfrau stritten, Mars der mächtige
Schildführer, Phöbus vorzüglicher im Bogen. Mars bot ihr Rhodopen an; Phöbus
Amiklen, Delos und Claros; für jenen warb
die neidische Juno, für diesen Latona um die
Braut. Beide schlug die blonde Ceres aus,
und verbarg, eine Entführung befürchtend,
(o welche Blindheit gegen die Zukunft!) ihre
geliebte Töchter in den Gefilden Siziliens,
voll Zuversicht auf die Naturbeschaffenheit des
Orts *). Sicher reiste sie nun nach ihrer
phrygischen Heimath, zur mauerbekrönten
Cybele; ihre Drachen nahmen den Flug durch
die Wolken, und benäßten die Zügel mit un-
schädlichem Schaume; ihre Stirnen bedeckte
ein Kamm, grünlichte Flecke bemahlten ihre
scheckichten Rücken, und röthliches Gold
schimmerte zwischen ihren Schuppen. Bald

---

*) Hier folgt eine weitläuftige und langweilige
Beschreibung Siziliens und des Aetna, die ich
Ihnen füglich erspare.

schlingen sich ihre Krümmungen durch die
Lüfte, bald streift ihr tieferer Flug das Feld.
In grauen Staub herabsinkend, befruchtet
das Wagenrad der Göttin den durchfurchten
Erdboden; das Gleiß wird von Aehren gelb,
seinen Einschnitt verstecken emporstrebende
Halme; den ganzen Weg bekleidet die mitkom-
mende Saat. Schon verließ sie den Aetna,
und ganz Sizilien verschwand dem sich entfer-
nenden Blicke. Ach, wie oft entwehrte sie,
im Vorgefühl ihres Unglücks, die Wangen
mit Thränenthau! Ach, wie oft wandte sie
die Augen zu ihrer Wohnung zurück!

„Sei beglückt, (rief sie noch aus,) lie-
„bes Land, das ich dem Himmel vorzog!
„Dir empfehle ich alle meine Freuden. Wür-
„dige Belohnung erwartet dich! Du sollst
„weder Hacke noch Karst bedürfen; dich soll
„der Stoß des rauhen Pfluges nicht durchwüh-
„len. Freiwillig wird dein Acker blühen;
„reicher ohne Beihülfe des Stiers, soll dein
„Bewohner über die sich von selbst darbieten-
„den Aerndten erstaunen!“ — So sprach sie
und gelangte mit ihren rothgelben Schlangen
auf den Ida. Hier war der hehre Tempel
ihrer göttlichen Mutter, den der Fichtenhain
mit

mit dichten Gipfeln umdunkelt, und, vom
Sturmwind unbewegt, mit seinen zapfentra,
genden Zweigen wie Liedergesäusel flüstert.
In ihm sind die schrecklichen Thiasen; die
Oerter der wüthenden Weihe seufzen von ver,
mischten Stimmen; von Geheul tobt Ida,
daß Gargara's erschrockene Wälder wanken.

Als Ceres erschien, hielt das Gebrüll der
Pauken an, die Chöre schwiegen, und der
Korybant klopfte nicht mehr mit dem Schwerdte.
Weder Bur noch Aerz erklang. Cybelens
Löwen ließen schmeichelnd ihre Mähnen sin,
ken; sie selber sprang erfreut in ihrem Aller,
heiligsten auf, und neigte das mauerbekrönte
Haupt zum Kusse der Tochter.

Das alles sah Jupiter längst von seinem er,
habenen Sitze herab, und entdeckte der Venus
das Innerste seiner Gedanken. „Dir, o Cy,
„therea, (sprach er,) will ich meine geheimsten
„Sorgen vertraun. Die holde Proserpine
„muß den König des Tartarus ehelichen: so
„ists vorlängst beschlossen, so verlangt es Atro,
„pos dringendst, so hat es die bejahrte The,
„mis prophezeit. Itzt ist die Zeit der Ausfüh,
„rung! Itzt, da sich die Mutter entfernt

J

„hat, eile du nach Sizilien, und morgen;
„wenn der Tag seinen purpurfarbnen Auf-
„gang eröffnet, nöthige du Ceres Tochter
„durch deine List, (womit du alles, nicht sel-
„ten mich selbst zu zwingen weißt,) daß sie
„sich zum Spiel auf das freie Gefilde begebe.
„Warum soll die Unterwelt allein vor dir
„Friede haben? Kein Reich sei frei von dir;
„selbst unter den Schatten werde jede Brust
„von Venus Feuer entflammt! Die traurige
„Erinnys empfinde deine Glut, und das Ei-
„senherz des strengen Dis müsse durch deine
„leichtfertigen Pfeile schmelzen!"

Die Göttin der Liebe beschleunigte diesen
Auftrag. Auf Befehl ihres Vaters begleiteten sie Pallas, und die den schrecklichen Bogen spannende Diana. Ihr Götterschritt
erleuchtete ihren Weg. So wandelt mit un-
glücklicher Vorbedeutung der eilende Komet in
seinem blutrothen Scheine dahin; ein funkeln-
des Wunderzeichen! Ihn sieht der Schiffer
nicht mit Sicherheit, nicht ungestraft sehen
ihn die Landbewohner: sein drohendes Haar
verkündigt, entweder dem Fahrzeuge Sturm,
oder Feinde den Städten.

So kamen sie zur Stelle, wo Ceres Wohn=
haus, von der Cyklopen Faust erbaut, schim=
merte. Von Eisen waren die hohen Mauern;
eisern die Thore, und Stahl umschloß die un=
ermeßliche Veste. Mit mehrerm Schweiße
hatte weder Pyrakmon, noch Steropes, jemahls
ein Werk errichtet ꝛc. Von innen war das
Haus mit Elfenbein bekleidet, auf ehernem
Gebälke ruhte der Giebel, und der Agtstein
stieg in hohen Säulen empor. Hier ließ Pro=
serpine sanften Gesang ertönen, und verfer=
tigte ein Kunstgewebe zum Geschenk für ihre
wiederkehrende Mutter ꝛc. *)

Die aufgehende Thüre verrieth ihr die
Ankunft der Göttinnen; sie verließ die unvol=
lendete Arbeit, und über ihr schneeweißes Ge=
sicht verbreitete sich der Purpur der keuschen
Schaam, brennender, als wenn lydische Wei=
berhand ein elfenbeinernes Kunstbild mit der
sidonischen Meerschnecke färbt. Schon hatte
das Meer den Tag verschlungen; die feuchte

J 2

*) Wiederum eine weitläuftige Beschreibung des=
sen, was auf diesem Teppiche zu sehn war, und
was Sie — vermuthlich nicht erst sehn mögen:
sie enthält in geschmacklosem Gemische von alle
dem, was im Himmel und auf Erden ist.

Nacht, den Schlaf ausstreuend, fährt mit
ihrem schwarzblauen Zweispanne die Ruhe herbei: und schon begann Pluto, auf seines
Bruders Anrath, den Weg nach der Oberwelt.
Schon band die gehäßige Alekto das wilde
Gespann an die Deichsel, die Rosse, die am
Cocyt weiden, auf den schwärzlichen Gefilden
des Erebus herumirren, und das träge Gewässer des stillen Lethe trinken, bis ihre be-
friedigte Zunge von unwillsamer Vergessenheit
schäumt. Der wildstutzende Orphneus, Aethon *) schneller als der Pfeil, Nicteus die
Ehre des stygischen Gethieres, und der vom
Dis selbst gezeichnete Alastor, standen ange-
schirrt vor dem Pallaste, und brauseten schrecklich dem morgenden Schauspiele des bevorste-
henden Raubes entgegen.

*) Sonderbar, und charakteristisch, daß Pluto
  diesem Rosse den Nahmen eines Liebesgottes
  und eines Sonnenpferdes gab!

## Zweites Buch.

Noch nicht erhellete der volle Tag mit seinem vorausgesandten Lichte das Jonische
Meer; seine Glut funkelte noch in den zitternden Wogen, und herumirrende Flammen
spielten in der Wafferbläue: als Proserpine
(so wollten es die Parzen!) schon muthigen
Geiftes, uneingedenk der treuen Mutterlehre,
durch Cythereens Hinterlift verführt, die be-
thaute Trift befuchte. Dreimal gaben die An-
geln bei Eröffnung der Thür ein verkündendes
Anzeichen; dreimal erfaußte der Aetna, in
Mitwiffenschaft diefes Mißgefchicks, mit
fchrecklichem Gebrülle. Aber kein Abentheuer,
kein Wunderzeichen hielt sie ab: ihre Schwe-
ftern begleiteten sie. Zuerft ging Venus,
froh ihres Betruges; all ihre Lift auf den
großen Wunfch gerichtet, überlegte sie schon
bei sich die bevorftehende Entführung, wie sie
das gefühllofe Chaos erweichen, und, nach
Plutas Ueberwindung, die dienftbaren Gei-
fter der Unterwelt im mächtigen Triumphe
führen werde. In vielfache Locken war ihr
Haupthaar getheilt; eine Juwelenfpange,
die Arbeit ihres Gemahls, fchürzte ihr Pur-
purkleid auf. Ihr folgten mit Eil beide Jung-

fraun, die weißgekleidete Gebieterin Arkadiens, und sie, deren Speer Athens Schlös-
ser beschützt; diese furchtbar im Kriege, jene
dem jagdbaren Wilde. Pallas führte auf
ihrem goldnem Helme den Riesen Typhon in
getriebener Arbeit, der, oberhalb zerschmet-
tert, noch in seinen Untertheilen sich bewegte,
zum Theil starb, zum Theil noch am Leben
war. Sie stützte sich auf ihren schrecklichen
Speer. Den zischenden Medusenkopf um-
schattete der Ueberwurf ihres glänzenden Man-
tels. Aber Dianens Anblick war sanfter;
das völlige Gesicht ihres Bruders: du würdest
Phöbus Wangen und Phöbus Augen zu sehn
glauben; das Geschlecht allein machte den
Unterschied. Nackend schimmerten ihre Arme;
sie überließ den leichten Lüften ihr ungelocktes
Haar; an ihrem abgespannten Bogen hing
die Senne schlaff; ihr Rücken trug den pfeil-
vollen Köcher; doppelt gegürtet fiel ihr gold-
gesäumtes Kleid bis auf das Knie herab. Zwischen ihnen schritt durch das Wiesengras Ceres
Tochter, itzt noch der Stolz, ach bald der
Schmerz ihrer Mutter. Nicht geringer an
Ebenmaaß noch an hehren Ansehn, konnte
sie, wenn sie den Schild geführt hätte, Pallas scheinen, und Phöbe, wenn sie

Pfeile getragen hätte. Rückwärts schürzte
ein Jaspisgeschmeide den Schweif ihres Klei-
des auf. Die Najaden, und Cyane, die
längste unter allen begleitete sie\*).

Von ihren kräuterreichen Höhen sah
Henna, die Mutter dieser Blumengefilde,
die geheiligte Gesellschaft nahen, und rief den
Zephir, der noch in der Krümme des Thales
saß: „Holder Vater des Lenzes, dessen muth-
williger Flug immer auf meinen Wiesen
herrscht, und das Jahr durch unablässigen
Hauch bethauet; sieh doch das Chor der Nymphen, und die erhabenen Sprößlinge des
Donnergottes, die itzt unsre Gefilde ihres
Spieles würdigen wollen. O komm, bitte
ich, und sei günstig! daß alle unsre Hecken
zu sprossen beginnen, daß der fruchtbare Hybla
uns beneide, und gestehn müsse, hier würden

---

\*) Auch hier geräth unser Claudian auf den un-
seligen Einfall, die Kleidung Proserpinens zu
beschreiben, die völlig einer Tapete gleicht, wor-
auf eine Menge Bilder aus der Mythologie zu
sehen sind; ein durchaus geschmackloses Gemälde,
das gegen die vorgehende schöne Beschreibung
vom Anzuge der drei Göttinnen allzu grell ab-
sticht. Eben so unschicklich ist ein darauf folgendes Gleichniß der begleitenden Najaden mit
den Amazonen.

seine Gärten übertroffen. Was Arabien in seinen Balsamwäldern, was der Hydaspes weit um sich verhaucht, was der Phönix von den entlegenen Sabäern sammelt, um sich auf dem ersehnten Scheiterhaufen zu verjüngen; alles das verbreite du durch meine Adern, und segne durch deinen Hauch diese Gefilde, daß ich von olympischen Fingern gepflückt werde, und die Göttinnen den Schmuck unsrer Kräuter begehren!"

So sprach sie. Zephir aber schüttelte seine von frischem Nektar triefenden Schwingen, und befruchtete den Boden mit Thaue. Wohin er flog, folgte ihm sanftgerötheter Lenz; überall schwoll die Erde zu Kräutern auf; alles entfaltete sich dem heitern Himmel: mit blutrothem Schimmer bekleidete er die Rosen, die Hyazinten mit dunkler Pracht, und mahlte die Veilchen mit dem sanften Schwarzblau. Nicht prächtiger ist der parthische Königsgürtel mit bunten Juwelen geschmückt; nicht herrlicher wird die Wolle durch den köstlichen Schaum des Assyrischen Purpurkessels gefärbt; nicht schöneres Gefieder verbreitet der Vogel der Juno ꝛc.

Der Reiz der Gegend übertraf noch die
Blumen.     Eine sanft anschwellende Pläne
mit leichten Abhängen, wuchs zum Hügel
empor; Quellen aus schneeweißem Gesteine,
leckten mit rieselnden Bächen die thauichten
Gräser.     Ein Wald milderte durch die Kühlung seiner Zweige die sengenden Sonnen-
strahlen, und behielt Brumas Kälte selbst
mitten in der Hitze.     Hier rauschte die zum
Schiffsmast taugliche Tanne, die Hornkirsche,
die den Kriegern ihre Speere verschafft, die
Eiche, der Liebling Jupiters, die grabums-
schattende Zipresse, die Weide voll Honigwa-
ben, und der prophetische Lorber; hier wehte
mit dichtem Wipfel der krause Buchsbaum,
hier kroch das Epheu umher, und der Wein-
stock umschlang die Ulme.     Nicht weit davon
verbreitete sich ein See, an dessen von zwei-
gevollen Wäldern umgürtetem Ufer, das nächste
blässere Gewässer den Blick bis auf den klaren
Grund hinunter dringen läßt, und alle Ge-
heimnisse der durchsichtigen Tiefe verräth.

Hieher flog die Gesellschaft; freute sich
in den blumichten Gefilden, und ward von
Cythereen zum Pflücken ermahnt.     „Geht
„doch, Schwestern, noch weil die Luft vor

„der Frühsonne thaut, und mein Morgenstern „den gelben Acker befeuchtet!" — So sprach sie, und fing an, die Sinnbilder ihres Schmerzens, die Rosen zu pflücken. Die andern zerstreuten sich durch die verschiedenen Triften: wie die Bienenschwärme auf den Quendel des Hybla fallen, wenn ihre Weisel das wächserne Lager in Bewegung setzen, und das honigsammelnde Heer aus dem hohlen Bauche der Buche, die auserlesenen Kräuter umsummt. Itzt wurden die Wiesen ihres Schmuckes beraubt. Diese flocht die braune Viole zu den Lilien; jene schmückte sich mit dem sanften Amarant; diese hatte sich das Haar mit rothen, jene mit weißen Rosen gestirnt. Auch euch mäheten sie ab, trauernder Hyazint, und dich Narziß, itzt berühmte Sprossen des Lenzes, wie ehedem vortreffliche Jünglinge ꝛc.

Unter allen war keine gieriger auf die Blumenlese, als sie, die einzige Hoffnung der fruchtbringenden Göttin. Bald füllte sie ihre von Wiethen buntgeflochtenen Körbe mit dem Raube des Feldes, bald wand sie Blumen zusammen, und, unwissend, was sie that, bekränzte sie sich damit. Traurige Vorbedeutung des Ehebettes! — Auch sie,

die über Kriegsdrommeten und Waffen gebie-
tende Pallas, überließ ihre Hände (womit sie
Heere zerstreut, feste Mauern und Thore
darniederwirft,) einer leichtern Beschäftigung,
legte den Speer weg, und gewöhnte ihren
Helm an den sanftern Schmuck des Blumen-
kranzes; sein stählerner Kamm stolzierte mit
Blüthen, das kriegerische Schrecken verschwand, und der Helmbusch hatte den fried-
lichen Glanz des Lenzes. Auch sie, deren
Hunde die Fährte des Wildes verfolgen, ver-
schmähte nicht diese Chöre, und band ihr frei
flatterndes Haar mit einer Blumenbinde zusammen.

Horch! Plötzlich entstand, während dieses jungfräulichen Spiels, ein brüllendes Geräusch; Thürme schlugen mit Thürmen zusammen, und Städte wurden auf ihren er-
schütterten Grund gestürzt. Die Ursache blieb
verborgen. Nur Paphos Göttin allein er-
rieth diesen zweideutigen Tumult, und freute
sich mit gemischtem Entsetzen: denn schon suchte
der Herrscher der Geister durch finstere Krümmungen seinen unterirdischen Ausweg. Seine
schweren Rosse zerstampften den seufzenden
Enceladus, die Räder schnitten über die unge-

heuern Gliedmaaßen; der belastete Nacken
des Gigantens, der itzt Sizilien und Pluton
trug, strebte nur schwach sich zu bewegen,
und seine Schlangen umwanden ermattet die
Are des Wagens. Aber rauchend fuhr das
Gleis über den schwefelichten Rücken: und
wie der in der Tiefe verborgene Soldat, plötzlich den sichern Feind überrascht, wenn er,
gleich Cadmus erdgebornen Kriegern, aus
dem unterirdisch ausgehöhlten Gange Wall
und Mauer hintergeht, und der siegende Haufen in die betrogene Festung bricht: so zwängte
sich der dritte Sohn Saturns mit ungewissen
Zügeln durch die unwegsamen unterirdischen
Winkel, voll Begier in seines Bruders Welt
zu kommen. Nirgends eröffnete sich ein Aus-
gang; überall hinderten ihn entgegengethürmte
Felsen, und hielten den Gott hart gefangen.
Dieß Hinderniß ertrug er nicht; zornig zerschlug er mit seinem balkenförmigen Zepter
das Gestein. Alle Höhlen Siziliens donner-
tens wieder. Lipare erschrack, staunend verließ Mulciber seinen Schmelzofen, und der
zitternde Cyklop warf den Donnerkeil weg.
Es hörte diesen Tumult sowohl der beschränkte
Bewohner des Alpen-Eises, als auch wer

durch die Tiber schwamm, die noch nicht mit
römischen Trophäen geschmückt war ꝛc.

Durch seine Faust überwunden, löste sich
Trinakriens Grundveste auf, und zersprang
in einen ungeheuern Schlund. Plötzlich ent-
setzte sich der Himmel, die Gestirne wurden
ihrer Bahn ungetreu; der nördliche Bär wusch
sich in dem verbotenem Meere, der träge
Bootes stürzte sich furchtsam herab, Orion
schauderte, und Atlas erblaßte bei dem gehörten Gewieher. Die röthlichen Himmels-
Axen verdunkelte ein farbenloser Dampf:
doch, die in langer Dunkelheit genährten
Rosse, wurden vor dem Anblicke der Erde
scheu; erschrocken vor dem bessern Horizonte,
blieben sie mit festgefaßtem Gebisse stehen,
wollten die Deichsel umwenden und in das
furchtbare Chaos zurückkehren. Aber als
ihre Rücken Schlag auf Schlag fühlten, und
sie sich an den Sonnenstrahl gewöhnen lernten,
dann flogen sie reißender als der Winterstrohm,
schneller als die geschwungene Lanze: geschwinder fleucht nicht des Parthers Wurfspieß, nicht
der Sturmwind, nicht die Gedanken der be-
unruhigten Seele. Die Zügel wurden vom
Blute heiß, ihr tödtlicher Hauch verdarb die

Lüfte, und den vergifteten Sand befleckte ihr
Schaum.

Da flohen die Nymphen! Da ward Proserpine auf dem Wagen entführt, und rief
die Göttinnen um Rettung an!

Schon enthüllte Pallas ihre Gorgo;
schon eilte Diane mit gespanntem Bogen herzu:
beide widersetzten sich ihrem Oheime; beide be-
waffnete der Gedanke der jungfräulichen Ehre,
und vergrößerte das Verbrechen des wilden
Räubers: er aber glich dem Löwen, der sich
der Schönsten aus der Rinderheerde bemäch-
tigt, seine Klauen in ihr Eingeweide schlägt,
und seine Wuth an ihren Schultern ausläßt:
scheußlich von geronnenem Blute steht er da,
schüttelt die verwachsene Mähne, und verachtet der Hirten ohnmächtigen Zorn.

„Bändiger des trägen Geisterpöbels,
„(rief Pallas,) schändlichster der Brüder!
„Welche Furien treiben dich mit ihren heillo-
„sen Fackeln und Stacheln an? Warum er-
„frechst du dich, deinen Wohnsitz zu verlassen,
„und den Himmel mit deinem höllischen Ge-
„spanne zu entweihn? Du hast ungestalte
„Eumeniden, und andere Göttinnen genung

„am Lethe; du haſt Furien, deiner Ehever-
„bindung würdig. Verlaß die Wohnung
„deines Bruders! Entweich aus fremder
„Grenze, und fleuch, zufrieden mit deiner
„Nacht! Was willſt du das Leben mit dem
„Tode vermiſchen? Warum zertrittſt du Fremd-
„ling unſern Weltbau?"

So rief ſie; erſchreckte die mit Begier
forteilenden Roſſe durch ihren Helmbuſch, hielt
ſie durch ihre vorgeworfene Aegide auf, und
ließ ſie von den gorgoniſchen Nattern anziſchen.
Schon ſchwang ſie ihren Speer, daß ſein
Schimmer an dem ſchwarzen Wagen wieder-
glänzte. Itzt wäre der Wurf geſchehn; wenn
nicht Jupiter den Aether getrennt, den rothen
friedegebietenden beflügelten Blitz geſchleudert,
und ſich dadurch zum Schwiegervater erklärt
hätte. Es donnerte Hymen in den zerriſſenen
Wolken, und Blitze bekräftigten als Zeugen
dieſen Ehebund. Wider Willen mußten die
Göttinnen ablaſſen. Seufzend hielt Latonens
Tochter ihren Bogen an, und rief der Entführten nach:

„O denke mein, und leb auf ewig wohl!
„Ehrerbietung gegen den Vater läßt keine
„Hülfe zu: wer mag ſich wider ihn vertheidi-

„gen? Wir bekennen uns durch seine größere
„Macht überwunden! Aber ach! er hat sich
„wider dich verschworen, und du wirst dem still-
„schweigenden Volke übergeben, wirst deine
„sich nach dir sehnenden Schwestern nicht wie-
„der erblicken! Welch ein Geschick, das dich
„der Oberwelt entreißt, und unsere Gestirne
„zu dieser Trauer verdammt! Nun mag ich
„nicht mehr die Wildläger mit Netzen umstel-
„len, nicht mehr den Köcher tragen; sicher
„schäume der Eber überall, und ungestraft
„schnaube der Löwe! ꝛc. „

Indeß trug der vogelschnelle Wagen Proserpinen fort, deren aufgelößtes Haar im
Sturmwinde flatterte, die sich mit Verzweif-
lung die Arme zerschlug, und fruchtlose Klagen zum Himmel ausstieß:

„Warum schleuderst du deinen Cyklopen-
„pfeil, o Vater, nicht auf mich? So willst
„du mich den grausamen Schatten übergeben;
„so willst du mich ganz von der Welt versto-
„ßen? Rührt dich denn meine kindliche Liebe
„nicht, oder hast du kein Vaterherz mehr in
„dir? ꝛc. Für welchen begangenen Frevel,
„für welche bewußte Schuld werde ich nun
„als eine Verwiesene in des Erebus abscheu-
                                „lichen

„lichen Schlund gestürzt? O weit beglückter
„sind alle andere geraubte Mädchen! Sie ge-
„nüßen doch wenigstens das gemeinschaftliche
„Sonnenlicht: aber mir wird meine jung-
„fräuliche Ehre zugleich mit dem Himmel ver-
„weigert, zugleich mit der Schaam auch das
„Tageslicht entrissen; ich muß die Welt ver-
„lassen, und werde zum Dienst des stygischen
„Tyrannens als eine Gefangene dahin ge-
„schleppt! Ach ihr unwürdig geliebten Blu-
„men! O du verachteter Rath der Mutter!
„O du zu spät erkannte Hinterlist der Paphi-
„schen Göttin! Ach Mutter, Mutter! Komm
„mir in meinem Verderben zu Hülfe! Be-
„zähme den Wüthenden! Falle dem grimmi-
„gen Räuber in seine tödtenden Zügel!"

Ueberwunden durch diese Worte, diesen
Anstand des Weinens, empfand der Schrek-
kenskönig die ersten Seufzer der Liebe. Er
trocknete ihre Thränen von seinem rostfarbe-
nem Kleide, und suchte ihren Schmerz mit
sanfter Stimme zu mildern.

„Hör' auf, o Proserpine, deinen Geist
„mit diesen traurigen Sorgen, mit dieser
„eitlen Furcht zu quälen! Dich erwartet ein
„erhabner Zepter, und die Hochzeitfackeln kei-

K

„nes unwürdigen Gattens. Ich bin ein Sohn,
„Saturns, dem das ganze Weltall unter-
„würfig ist, dessen Gewalt sich bis in das un-
„ermeßene Nichts erstreckt. Glaube doch
„nicht, daß du das Tageslicht verlohren hast!
„Wir haben andere Gestirne, andere Welten;
„du wirst ein reineres Licht erblicken, und die
„elysische Sonne, nebst den frommen Bewoh-
„nern weit mehr bewundern. Hier wohnt
„ein köstlicheres Alter, eine goldene Nachkom-
„menschaft; wir haben immerfort, was die
„Himmelsgötter nur einmahl verdienen. Dir
„wird es nicht an sanft beraseten Wiesen feh-
„len; beßere Zephire hauchen um unvergäng-
„liche Blumen, dergleichen deine Henna nie
„hervorbringt. Reich ist der Baum unsrer
„schattichten Wälder; die schimmernden Aeste
„biegen sich vom grünen Metall: dir sei er ge-
„weiht! Du wirst einen glücklichen Herbst, und
„immerwährenden Ueberfluß an goldgelben
„Früchten haben. Doch alles das ist das ge-
„ringste! Was die klare Luft umfaßt, was
„die Erde erzeugt, was das salzige Meer
„auswirft, was sich in Flüßen wälzt und in
„Seen ernährt wird; alles Gethier unter
„dem Monde wird deinen Befehlen gehorchen.
„Stolzlos, unter den Haufen der Armen ge-

„mischt, werden purpurgekleidete Könige dei=
„nem Fußtritte folgen: denn der Tod macht
„alles gleich. Du darfst die Schuldigen ver=
„dammen, Du den Frommen Ruhe verschaf=
„fen. Durch deinen Richterwink gezwungen,
„werden die Verbrecher bekennen, was sie im
„Leben begangen haben. Empfange, nebst
„den Lethäischen Wassern, auch die Parzen
„als deine Dienerinnen! Alles, was du wirst
„wollen, wird unabänderliches Verhäng=
„niß seyn!"

Er sprachs, trieb die freudigbäumenden
Rosse an, und betrat huldreicher den Täna=
rus. Die abgeschiedenen Seelen eilten zusam=
men, wie der ungestüme Herbstwind das Laub
von den Bäumen streift, oder den Regen in
die Wolken versammelt, oder die Wellen zer=
bricht, oder den Sand fortschleudert. Alle
Jahrhunderte drängten sich in eilendem Laufe
herzu, um die berühmte Braut zu sehn. Bald
erschien Er selbst, heiter, sanftlächelnd, und
sich völlig unähnlich. Bei der Ankunft seiner
Gebieter stand der ungeheuere Phlegeton auf;
sein rauher Bart troff von flammenden
Wassern, und über sein ganzes Gesicht ströhmte
der Brand. Auserlesene und schnelle Ge=

dienten eilen ihnen entgegen. Theils schieben sie den hohen Wagen herein, lösen dem müden Gespanne die Zügel, und führen es zur bekannten Weide; Theils verbreiteten sie Teppichte, schmückten den Eingang mit Gezweigen, und behingen die Brautkammer mit zierlicher Bekleidung. Der keusche Haufen Elysischer Mütter umringte die Königin, milderte durch sanftes Zureden ihre Furcht, band ihr die zerstreuten Haare zusammen, und hing über ihr Gesicht den hochzeitlichen Schleier, der den Kummer der Schamhaftigkeit verhüllen sollte. Das blasse Reich war in freudigem Jubel: begrabene Völker trieben muthwilligen Scherz, die Schatten hielten festliche Schmäuse, und bekränzt kamen die Abgeschiedenen zu Gastmählern zusammen. Ungewöhnliche Gesänge brachen das Stillschweigen der Finsterniß. Das Gewinsel besänftigte sich, der Schmutz des Erebus ließ von selbst nach, und duldete, daß sich die ewige Nacht aufheitere. Minos Urne gab keine Loose heraus; nirgends erscholl der Hieb der Geißel; der ruchlose Tartarus, itzt von keinem Klaggeschrei wiedertönend, erholte sich beim Aufschub der Strafe. Itzt quälte das flüchtige Rad nicht den aufgebundenen Irion;

das neidische Wasser entzog sich nicht mehr den
Lippen des Tantalus; auch Tityos durfte seine
ungeheuern Glieder ausstrecken: er war so
groß, daß sie neun Acker des verdorrten Landes bedeckten. Der träge Fresser der Prome-
theischen Eingeweide ward von der zerfleisch-
ten Brust weggerissen, und klagte, daß die
zernagten Fasern nicht nachwüchsen. Ver-
gessend der Verbrechen und ihrer furchtbaren
Wuth, bereiteten sich die Eumeniden Becher,
und tranken Wein, Troz ihres verwilderten
Haares; sie legten das Drohen ab; sie versuchten sanften Gesang, und tränkten ihre
Genossen, die Schlangen, aus dem vollen
Kelche; auch zündeten sie festliche Fackeln an
reinern Feuer an. Damahls flogen die Vögel unverletzt über den besänftigten Strohm
des verpesteten Avernus, und der See Am-
sanctus hielt seinen giftigen Aushauch zurück:
damahls, sagt man, wäre frische Milch aus
den Quellen des Acherons gestrudelt, und der
mit Epheu bekränzte Cocyt habe süßen Wein
in seinen Ufern geströhmt. Itzt riß Lachesis
keine Fäden ab; itzt rauschte keine Todtenklage
in die freudeheiligen Chöre: selbst der Tod
durchstreifte nicht die Erde, und Aeltern jam-
merten nicht am Holzstoße ihrer Leichen. Der

Schiffer starb nicht in der Fluth, der Krieger
nicht an der Pfeilspitze; die Städte hatten
vom Sterben Befreiung: der greise Fährmann am Styx umkränzte seine ungekämmte
Stirn mit Schilfe, und spielte singend mit
dem müßigen Ruder.

Schon war Hesperus in der unterirdischen
Welt aufgegangen, und die Braut ward ins
eheliche Gemach geführt. Als Brautdienerin
stand ihr die Nacht mit ihrem gestirnten Kleide
zur Seite, und, das hochzeitliche Lager be-
rührend, heiligte sie die Dauer dieses Bun-
des, mit fruchtbarmachenden Segenswün-
schen: Indeß die Seligen tanzten und jauchz-
ten, und an Plutos Hofe dieser unermüdete
Zuruf begann:

„Unsre Mutter Juno, und du, des Don-
„nerers Bruder und Eidam, füget euch nun
„zur Eintracht des gesellschaftlichen Schlafes!
„Hals um Hals werde von euern Armen um-
„wunden! Schon entsprießt ein glückliches
„Geschlecht! Schon wartet die freudige Na-
„tur auf künftige Götter! So beschenket denn
„das Weltall mit neuen Gottheiten, und ver-
„schafft der Ceres gewünschte Enkelkinder!“

# Drittes Buch.

Indeſſen befehlichte Jupiter die nebelver⸗
hüllte Iris, daß ſie aus aller Welt die Göt⸗
ter zuſammen berufen ſollte.  Schneller als
der Zephir eilte ſie in ihrem bunten Fluge da⸗
hin, lud die Gottheiten des Meeres, ſchalt
die ſäumenden Nymphen, und rief die Fluß⸗
götter aus ihren triefenden Höhlen.  Zwei⸗
felhaft und erſchrocken ſtürzten ſie fort, be⸗
ſorgt, welche Veranlaſſung je ihre Ruhe ſtöhre,
was für ein Vorfall dieſen Tumult erfordre?
Wie ſie das offene Sternenhaus betraten, er⸗
ging der Befehl der Sitzung an ſie.  Die
Ehre hatte Ordnung.  Den erſten Platz er⸗
hielten die Himmels⸗Götter; die zweite Reihe
beſetzten die Gebieter des Meeres, der freund⸗
liche Nereus, und Phorkos mit ſchimmerndem
Silberhaare.  Zuletzt ſaß der wandelnde
Glaukus, und Proteus, der itzt einerlei Ge⸗
ſtalt behielt.  Auch den greiſen Flußgöttern
ward die Ehre der Sitzung vergönnt: aber
tauſend junge Strohmgebieter ſtanden in all⸗
gemeinem Haufen; triefende Najaden ſtützten
ſich auf ihre naſſen Väter, und die Faunen
bewunderten ſtillſchweigend die Geſtirne.

Itzt begann der mächtige Göttervater
vom erhabnen Olymp herab: „Schon wieder
„beschäftigen meine Sorgfalt die Sterblichen,
„die ich lange Zeit vernachläßigte, weil ich
„von ihrem Saturnischen Müßiggange, und
„dem Geiste ihres trägen Lebens überzeugt
„ward. Mir däuchte besser, die in ange-
„bohrner Trägheit hinschlummernden Völker
„durch den Stachel eines mühseligen Lebens
„anzutreiben, daß fürder nicht mehr die
„Saat freiwillig auf ungebautem Acker er-
„wüchse, der Honig nicht in den Wäldern,
„der Wein nicht in Quellen flösse, noch der
„Trank des Bechers in allen Ufern brause.
„Zwar mißgönne ich ihnen nichts: denn Neid
„und Schadenfreude ziemt Göttern nicht: aber,
„wie sehr verderbt Schwelgerei, die Rathge-
„berin alles Unschicklichen, sammt dem Ueber-
„flusse die menschlichen Seelen? Sollte nicht
„der sinnreiche Mangel die trägen Gemüther
„erwecken, und nach und nach die entfernte-
„ren Wege der Dinge erforschen? Sollte
„nicht arbeitsamer Fleiß die Künste erzeugen,
„und der Nutzbrauch sie ernähren? Itzt aber
„bringet die Göttin der Natur mit großen
„Klagen in mich, daß ich dem menschlichen Ge-
„schlechte aufhelfen soll; schik mich einen

„harten ungnädigen Tyrannen, hält mir die
„Jahrhunderte der Regierung meines Vaters
„vor, und ruft laut, daß Jupiter bei all ih-
„rem Reichthume geizig sei. Sie stellt mich
„zur Rede, warum ich das Feld in dieser
„Wildniß, das Ackerland voll Dornen ließe,
„und das Jahr nicht mehr mit Früchten
„schmückte? Sie selbst, sonst die Gebährerin
„der Sterblichen, habe nun die strengen Sit-
„ten einer Stiefmutter annehmen müssen!
„Was hülfe es, ihren Geist vom Himmel
„gebracht, und ihnen das aufgerichtete Haupt
„gegeben zu haben, wenn sie auf Pfadlosem
„Wege gleich den Thieren herumirreten, und
„mit ihnen das gemeinschaftliche Eichelfutter
„zerkauen müßten? Verdiene das wohl ein Le-
„ben genannt zu werden, das, ohne Unter-
„schied von den Bestien, in waldichten Wild-
„lagern versteckt bliebe? — Lange ertrug ich
„diese Klagen unsrer Mutter: endlich er-
„barmte ich mich der Welt, und will nun die
„Völker von der ungeschlachten Lebensart ent-
„wöhnen. Deßwegen beschloß ich, daß Ce-
„res, die itzt noch unwissend ihres Unglücks,
„am Ida die Löwen ihrer grimmigen Mutter
„peitsche, in der Unruhe ihrer Trauer über
„Meer und Land herumirre, bis sie endlich,

„durch die Anzeige vom Aufenthalt ihrer Toch-
„ter erfreut, ihre Früchte mittheile, ihr Wa-
„gen auf unwegsamen Pfaden den Völkern
„die unbekannten Aehren ausspende, und die
„himmelblauen Drachen sich in Triptolems
„attisches Joch fügen. Würde sich aber einer
„der Götter erkühnen, ihr Proserpinens Ent-
„führer zu verrathen; so schwöre ich bei der
„Last meiner Oberherrschaft, bei dem tiefen
„Frieden des Weltalls, sei er Sohn, Schwe-
„ster, Gattin, oder Tochter, rühme er sich
„sogar des Ursprungs aus meinem Haupte; —
„er soll den Grimm meiner Aegide von fern
„empfinden, er soll den Strahl des Blitzes
„fühlen, und, seiner göttlichen Natur über-
„drüssig, sich den Tod wünschen! Hinschmach-
„tend an seiner Wunde) will ich ihn meinem
„Eidame übergeben, daß er seinen Hochver-
„rath büße, und erfahre, ob sich der Tarta-
„rus zu rächen versteht! Dieß ist mein un-
„verletzliches Gebot! So und nicht anders sei
„das unabänderliche Schicksal!“ Er sprach's,
und von seiner schrecklichen Bewegung erbeb-
ten die Gestirne.

Aber in der Ferne ward Ceres, bis itzt
sicher und ruhig, unter dem Felsgewölbe der

waffentönenden Höhle, durch die gewissen Anzeichen ihres vollendeten Unglücks erschreckt:
die Nächte verdoppelten ihre Furcht; in jedem Schlummer sah sie Proserpinens Verderben. Bald däuchte ihr, daß Pfeile durch
ihr Mark und Bein drängen, bald sah sie
ihr neuangelegtes Gewand sich in Schwarz
verwandeln, bald fing mitten unter ihren
Hausgöttern die dürre Hagebuche zu grünen
an. Unter den Bäumen des Hains befand
sich ein vor allen geliebter Lorberbaum, dessen
keuscher Wipfel ehedem ihre jungfräuliche Lagerstatt beschattete: diesen erblickte sie unten
am Stamme abgehauen, und sein Gezweige
im schmutzigen Staube liegend: sie fragte die
Dryaden um diesen Frevel, und bekam seufzend zur Antwort, die Furien hätten ihn mit
höllischer Art darnieder geschmettert.

Doch bald erschien die Gestalt der Tochter selbst dem mütterlichen Traume, und kün-
digte sich ihr ohne räzelhaften Umschweif an.
Sie sah Proserpinen im finstern Winkel eines
Gefängnisses, mit schweren Ketten belastet;
nicht mehr wie sie dieselbe den sizilianischen
Auen anvertraut hatte, nicht mehr wie sie
noch vor kurzem die Göttinen in des Aetnas

rosigten Thälern erblickten. Ihr Haupthaar,
sonst herrlicher als Gold, war voll Schmuz;
die Nacht hatte das Feuer ihrer Augen ver-
löscht; ihre röthlichte Farbe war in kalte
Blässe verschwunden; die stolze Schönheit ihres glühenden Gesichts, und ihre den Schnee
beschämenden Glieder, waren vom Dunkel
des Reiches der Finsterniß gefärbt. Zweifelnd
vermochte sie kaum noch ihre Tochter zu erkennen. „Ach! (rief sie aus,) Welch Ver-
„brechen hat diese Strafe verdient? Woher
„diese hagere Ungestalt? Wer darf sich solcher
„Grausamkeit gegen mich anmaßen? Wie
„konnten so zarte Arme diese Eisenbanden
„verdienen, die kaum für wilde Thiere ge-
„hören? Bist du, ach, bist du wirklich meine
„Tochter? oder täuscht mich ein betrügliches
„Schattenbild?“

„Ha! grausame Mutter, (erscholl die
„Antwort,) uneingedenk deines hinweggetilg-
„ten Kindes, wilder von Gemüth als jene
„lohgelben Löwinnen! — konntest du mich
„so ganz vergessen? Ich, deine Einzige, werde
„so tief verachtet? War dir wohl jemahls der
„Nahme Proserpinens lieb, die du nun in
„diesem Schlunde von Qualen ringekerkert

„ſiehſt? — Doch du, Grauſame, überläſſeſt
„dich den Tänzen, und tobſt noch itzt durch
„die phrygiſchen Städte! — Haſt du aber
„nicht ganz die Mutter aus deiner Bruſt ver-
„bannt, biſt du noch die vorige Ceres, und
„ward ich nicht von einer Caſpiſchen Tigerin
„gebohren; o ſo flehe ich, rette mich Elende
„aus dieſen Grüften, und bringe mich auf die
„Oberwelt zurück. Verböte auch das Schick-
„ſal meine Rückkehr; o ſo komm doch wenig-
„ſtens, und ſieh mich!“ Bei dieſen Worten
verſuchte ſie, ihre zitternden Hände auszu-
ſtrecken; die Wucht des verruchten Eiſens ver-
hinderte ſie, und Ceres erwachte vom Geklirr
der Ketten. Starr vom Schrecken dieſes
Geſichts, freute ſie ſich, daß es ein Traum
war, kränkte ſich aber über die verlohrne Um-
armung: außer ſich entſprang ſie ihrem Lager,
und weckte Cybelen mit dieſem Rufe:

„Ehrwürdige Mutter, länger darf ich
„nicht in Phrygien verweilen. Die Sorgfalt
„für mein geliebtes Kind, und die jedem Be-
„truge unterworfene Zeit, ruft mich zurück.
„Mein Wohnſitz, obgleich durch der Cyklopen
„Schmelzöfen errichtet, ſcheint mir nicht ſicher
„genung. Ich fürchte, daß der Ruf meinen

„Schlupfwinkel verrathen, und Trinakria das
„anvertraute Pfand nicht genung verheimli,
„chen möchte. Die allzuberühmte Schönheit
„des Orts macht mich mißtrauisch: ich muß
„eine andere minder bekannte Wohnung suchen.
„In der Nähe des heulenden und flammen,
„speienden Enceladus kann unser Zufluchtsort
„nicht verschwiegen bleiben. Unselige Träume
„haben mich durch wunderbare Gestalten ge,
„warnet; kein Tag vergeht mir ohne Dro,
„hung eines traurigen Anzeichens. Oft fällt
„mir mein Aehrenkranz von selbst herunter;
„will ich die Flöte blasen, so winselt sie in
„Todestönen; schlage ich die Pauke, so giebt
„sie mir Klaggeheul zurück. Ach! Ich fürchte,
„daß mir alles dieß etwas wahres verkünde!
„Zuviel hat vielleicht schon der lange Verzug
„geschadet!“

„Müsse der Wind deine Worte kraftlos
„verwehen! (erwiederte Cybele:) Der Don,
„nerer ist nicht so säumig, daß sein Blitz nicht
„seine Tochter schützen sollte. Doch, geh,
„und kehre, von keinem Unfalle betroffen,
„zurück!“

Sogleich verließ sie den mütterlichen Tempel. Aber ihrer Eil war nichts geschwind ge-

nung. Sie klagte, daß ihr träges Gespann nicht fort wolle; Schlag auf Schlag traf und verdient die Flügel ihrer Drachen: sie hatte kaum den Ida verlassen, und wünschte schon in Sizilien zu seyn. So furchte sie alles, und hoffte nichts: wie sich der Vogel ängstigt, der seine zarten Jungen der niedern Hagebuche vertraute, und, Speise für sie suchend, voll Sorge befürchtet, ob nicht der Wind das gebrechliche Nest abreißen, ob es nicht den Menschen zum Raube, noch eine Beute der Schlangen werden könne.

Itzt sah sie ihre unverwahrte Wohnung, ohne Wächter, die aufgeschlagenen Thorflügel unverschlossen, und die klägliche Gestalt ihres Gehöftes. Beim Anblick dieses unerwarteten Unglücks zerriß sie ihr Gewand, und raufte sich das Haar sammt den zerbrochenen Aehren aus. Die Thränen stockten. Kein Laut, kein Hauch ihres Mundes! Nur in ihrem innersten Gebeine tobte das Entsetzen. Wankend strauchelten ihre Schritte, als sie die leeren Zimmer und die verlassenen Säle durchirrte, das Gewirr der Fäden in der vernachläßigten Werfte, und die unterbrochene Kunst des Weberkammes gewahr wurde. Die gött-

liche Arbeit war verdorben, und den unaus-
gefüllten Raum hatte die verwegene Spinne
mit ihrem unheiligen Gespinnst ausgefüllt.
Noch beweinte, noch beklagte sie nicht ihr Unglück; aber sie küßte das Gewebe, und mischte
still gebrochene Seufzer unter die Fäden. Das
von Proserpinens Hand berührte Weberschiff,
die verlassene Arbeit, und alle umherliegende
Vergnügungen des jungfräulichen Spiels,
drückte sie statt der Tochter an ihren Busen;
sie ward nicht satt, ihr keusches Bette, und den
Ort, wo sie gesessen hatte, zu betrachten: so
bestürzt steht der Hirt in seinem leeren Stalle,
dem entweder die unvermuthete Wuth der
punischen Löwen, oder räuberische Horden
seine Heerde entführt haben. Ach! er kam
zu spät zurück, durchstreift die verlassenen
Weiden umsonst, und ruft und lockt vergeblich
die nicht mehr antwortenden Rinder.

Im innersten geheimsten Theile des Hau-
ses fand sie die Elektra liegend, die treue Amme
ihrer Tochter, eine der berühmtesten Nymphen
des Ozeans. Nur Ceres Mutterliebe kam
der ihrigen gleich. Oft trug sie nach dem
Schlaf in der Wiege, die Kleine an ihrem
Busen zu dem hocherhabenen Jupiter, und
setzte

ſtzte ſie ſpielend auf ſein väterliches Knie:
Sie war ihre Begleiterin, ihr Schirm, und
vertrat die Stelle ihrer Mutter. Itzt aber
beweinte ſie, mit zerriſſen flatterndem Haare,
und grau von ſchmutzigem Staube, den Raub
ihrer himmliſchen Pflegetochter.

Zu ihr ſprach Ceres, als es ihr endlich
der Schmerz erlaubte: „Welche Verwüſtung
„ſeh ich! Wem bin ich denn zum Raube ge-
„worden? Herrſcht Zevs noch, oder haben
„die Titanen den Himmel erſtürmt? Wenn
„der Donnerer noch lebte — weſſen Fauſt
„würde ſich ſo was unterſtanden haben!
„Sprich, hat Typhon die Laſt von ſeinem
„Nacken geſchüttelt? Hat Alcyoneus die Feſ-
„ſeln des Veſuvs zerbrochen und den Tyrrhe-
„niſchen See durchwatet, oder der benachbarte
„Aetna aus ſeinem zerquetſchten Rachen den
„Enceladus hervorgeſpiehen? Hat ſich die
„hundertarmichte Brut des Briareus an mei-
„nem Hausweſen vergriffen? — Ach! Wo-
„hin nun, wohin iſt meine Tochter? Wo ſind
„meine tauſend Dienerinnen? Wo iſt Cyane?
„Welche Gewalt hat die ſchnellen Sirenen ver-
„jagt? O war das eure Pflicht; war das
„die Treue für das euch anvertraute fremde

L

„Pfand?" Die Amme zitterte. Ihr Kummer wich der Schaam: gern hätte sie durch
ihren Tod den Anblick dieser Unglücklichen ab-
gekauft. Lange zauderte sie bewegungslos,
von dem ungewissen Urheber dieses nur allzu-
gewissen Unglücks zu reden. Kaum vermochte
sie folgendes:

„O daß die unsinnige Schaar der Gigan-
„ten diesen Unfall veranlaßt hätte! Etwas ge-
„wöhnliches würde leichter geschmerzt haben.
„Aber Göttinnen, und, was du am wenig-
„sten argwohnen würdest, Schwestern selbst
„haben sich zu unserm Untergange verschworen.
„Von Himmelsgöttern stammt diese Hinterlist,
„diese Wunden vom blutsverwandten Neide:
„der Olymp ist uns gehäßiger als Phlegra!
„In Ruhe lebte dein Haus; dein Mädchen,
„deinem Verbote gehorsam, wagte es nicht
„die Schwelle zu überschreiten, noch die grü-
„nende Trift zu besehn. Ihre Beschäftigung
„war dieß Gewebe; ihre Erholung der Si-
„renen Gesang: mit mir sprach sie am lieb-
„sten, bei mir schlief sie, und mit Behut-
„samkeit spielte sie in den Vorhöfen: als sich
„plötzlich Cytherea bei uns einfand. Ich weiß
„nicht, wer ihr unsre geheime Wohnung ver-

„rieth: aber um allen Argwohn von uns zu
„entfernen, brachte sie Phöben und Pallas,
„zur Gesellschaft mit. Lautlachend bezeigte
„sie ihre Freude, umarmte sie mehr als ein-
„mahl, und wiederholte den Schwester-Nah-
„men; klagte auch über die harte Mutter, die
„so viel Reiz zur Abgeschiedenheit verdammt,
„und, fern von dem väterlichen Gestirne, sie
„dem Umgange der Göttinnen entzogen hätte.
„Ahnungslos freute sich unsre Unerfahrne,
„mit ihnen bei reichlichem Nektar Tafel zu
„halten. Bald legte sie Dianens Kleid und
„Waffen an, und ihre zarten Finger versuch-
„ten den Bogen zu spannen; bald setzte sie,
„mit Minervens Beifall, deren buschigten
„Helm auf ihr volles Haar, und mühte sich,
„den gewaltigen Schild zu tragen. Venus
„war es, die zuerst mit Verschlagenheit ihr
„Gespräch auf unsre Gefilde zu lenken wußte:
„listig band sie Sträußer aus den vorhande-
„nen Blumen, und fragte, als ob ihr das
„unbewußt sei, nach den Vorzügen des Ortes,
„wo sie wüchsen? Sie wollte nicht glauben,
„daß Gruma selbst unsre Rosen unbeschädigt
„lasse, daß die kalten Monate frische Knospen
„trieben, und unsre blühenden Hecken den
„Zorn Boocens nicht zu fürchten hätten. Durch

L 2

„das Bewundern unserer Gegend, durch bren=
„nende Sehnsucht selber dahin zu gehn, ent=
„stand Ueberredung.   O Jugend, wie leicht=
„sinnig bist du! — Wie sehr habe ich dar=
„wider, doch nur vergeblich, geseufzt und
„gebeten! Voll Vertrauen auf den Schutz ih=
„rer Schwestern eilte sie fort; hinter ihr die
„ganze Schaar ihrer dienstbaren Nymphen.
„Im ersten Morgenlichte betraten sie unsre
„mit unverwelklichem Grase bekleideten Wiesen;
„noch als vom Thaue das Feld weiß war, und
„unsre Veilchenbeete den geträufelten Saft
„tranken, fingen sie schon an, Blumen zu
„sammeln: aber als die Sonne höher am
„Himmel stand, siehe! da verfinsterte gräß=
„liche Nacht den Horizont; vom Stampfen
„der Rosse, vom Geroll der Wagenräder
„wankte das erschütterte Eiland.   Unerkenn=
„bar blieb der Führer des Wagens.   Entwe=
„der war es der tödtende Geist des Feuers,
„oder der Tod selbst.   Ueber Gras und Blu=
„men ströhmte seine Wuth: die Bäche ver=
„schwanden; die Wiesen beschmutzte verdorr=
„tes Fahlroth; nichts, was er anhauchte,
„blieb am Leben.   Ich sah den Jasmin ver=
„gelben; die Rosen starben, und die Lilien
„entblätterten sich.   Als er auf seiner dumpfe

„ertönenden Bahn die Zügel zurücklenkte;
„folgte seine Nacht dem Wagen; das Licht
„kam wieder auf die Welt: aber Proserpine
„war nirgends. Nach ihrer vollführten Ab-
„sicht blieben auch die Göttinnen nicht länger,
„sondern gingen zurück. Cyanen fanden wir
„mitten im Felde leblos: sie lag mit blumen-
„geschmücktem Nacken, und der farbenlose
„Kranz ihrer Stirn war verwelkt. Hurtig
„eilten wir zu ihr, und befragten sie um das
„Schicksal ihrer Herrschaft? (denn sie hatte
„sich dem Unfalle weit näher befunden:) Wie
„die Gestalt der Rosse gewesen sei? Wer sie
„regiert habe? — Keine Antwort von ihr!
„Durch geheimes Gift getroffen, ward sie in
„einen Quell aufgelößt; die Feuchtigkeit troff
„durch ihr Haar. So zerfloß sie; Fuß und
„Hand zergingen in Tropfen, und unsre Fuß-
„tapfen umrieselte bald ein klarer Bach. Die
„übrigen Dienerinnen entflohen 2c. Ich allein
„ward zurückgelassen, um mein Alter vollends
„dahin zu weinen."

Noch schwebte Ceres in Zweifeln: halb
wahnsinnig bebte sie jedem Zuge der Erzählung, als ob er noch geschehen sollte. Bald
rollte sie ihre Augen, und begab sich mit ro-

benden Herzen hinauf zu den Himmelsbewoh-
nern 2c. „Gebt mir zurück!. (schrie sie über-
„laut.) Ich bin nicht die Tochter eines her-
„umirrenden Flusses, nicht vom gemeinen
„Dryadenpöbel: auch mich hat die bethürmte
„Cybele dem Saturn gebohren! Ach, wohin
„ist die Gerechtsame der Götter, wo sind die
„Gesetze des Olympus hin? Was hilfts uns,
„sträflich zu leben? — Sieh da! Cytherea
„selbst untersteht sich, nach jenen Lemnischen
„Banden, ihr wohlbekanntes verschämtes Ge-
„sicht zu zeigen! Hat ihr jener tiefe Schlaf,
„jenes keusche Bette so viel Muth gemacht?
„Ist dieß die ganze Folge jener züchtigen Um-
„armung? Aber kein Wunder, wenn sie nach
„so was, nichts mehr für schändlich hält! —
„Und nun — was sagt ihr, ihr mit dem
„Ehebette noch Unbekannten? Mußtet ihr die
„Ehre der Jungfräulichkeit so ganz verlassen?
„Oder habt ihr eure Gesinnungen geändert,
„daß ihr mit Venus und ihren räuberischen
„Gesellen gingt? O, beide seid ihr würdig,
„daß man euch in Scythischen Tempeln, auf
„Menschenblut dürstenden Altären verehre! —
„Aber, woher denn die Veranlassung dieser
„wüthenden That? Wen hat meine Proser-
„pina nur mit dem kleinsten Worte beleidigt?

„Hat sie, o Delia, dich aus deinen lieben
„Wäldern vertrieben, oder dir, Tritonia, eine
„gelieferte Schlacht entrissen? Sprach sie zu
„stolz mit euch? Drängte sie sich mit Unge-
„stüm in eure Gesellschaft? Daß sie nie euch
„zur Last fallen möchte, wohnte sie in der
„Einöde: aber ach, was half's, daß sie sich
„verbarg!"

Nichts besänftigte die Wuth ihres bittern
Grolles. In ähnlichen Worten haderte sie
mit Allen: allein, aus Ehrfurcht gegen den
Vater, schwiegen sie, oder läugneten die
Mitwissenschaft ab, und gaben der Mutter
nur Thränen statt Antwort. — Was sollte
sie thun? Sie faßte sich endlich, und ließ sich
zu demüthigen Bitten herab: „O verzeiht,
„wenn die Mutterliebe zu heftig sprach; wenn
„ich ungestümer war, als es einer Elenden
„geziemt! Fußfällig werfe ich mich vor eure
„Kniee, und flehe, laßt mich mein Schicksal
„erfahren! Nur dieß einzige! Erlaubt mir
„doch die Gewißheit meines Schmerzens;
„laßt mich doch die eigentliche Gestalt meines
„Unglücks wissen! Was ihr auch über mich
„beschlossen habt; wenn ich's nur weiß, so will
„ich's tragen; und für Schicksal, nicht für

„Verbrechen halten. Gönnet doch einer
„Mutter, daß sie sehn möge! Ich will nichts
„wiederholen: wer du auch seist, was deine
„Hand nahm, sollst du behalten; ich bestä=
„tige deinen Raub, du darfst weiter nichts
„fürchten! — Sollte aber der Räuber mir
„mit Verbindungen hier zuvor gekommen
„sein; so kannst doch du, o Latona, mir die
„Wahrheit erzählen: dir hat Diana vielleicht
„alles vertraut. Du weißt, was es sagen
„will, Mutter zu seyn; welchen Kummer,
„aber auch welche Liebe uns Kinder verursa=
„chen. Du hast ihrer zwei: ich nur die Ein=
„zige. O mögest du dich stets an deinem
„schöngelockten Apoll erfreun! O mögest du
„mehr Mutterfreuden erleben, als ich! — Ach!
„Es ströhmt von meinem Gesichte wie Re=
„gen. — Was ist anständiger, zu weinen,
„oder zu schweigen? Wehe mir! Alle verlas=
„sen mich. Was harre ich länger vergeblich,
„da ich den offenbaren Krieg des Himmels
„gegen mich sehe? Warum suche ich nicht lie=
„ber meine Tochter durch Meer und Erde
„auf? — Ich will mich gürten, und alles
„durchforschen, so weit die Sonne scheint;
„durch jeden Abgrund will ich unermüdet eilen,
„keine Stunde will ich versäumen: keine Ruhe,

„kein Schlaf eher, als bis ich mein entriſſe-
„nes Kind wieder finde, ſollte es auch im
„Schooße der Iberiſchen Thetis verſenkt, und
„von der Tiefe des Meeres umringt liegen!
„Weder das Eis des Rheines, noch Riphäiſche
„Kälte ſoll mich abſchrecken; mich ſollen des
„Meerſtrudels zweifelhafte Wogen nicht auf-
„halten. Es iſt beſchloſſen, ich dringe in
„die Grenzen des Südwinds, und durchforſche
„des Nordſturms ſchneevolle Wohnung. So
„erblicke mich der treuloſe Jupiter, durch Land
„und Stadt irrend, und Juno ſättige ſich an
„ſeiner weggetilgten Beiſchläferin! Immer-
„hin ſpotter über mich, beherrſchet euern Him-
„mel mit Stolz, und haltet ſtattlichen Triumph
„über Ceres Geſchlecht!“ — So ſprach ſie,
und floh auf des wohlbekannten Aetnas Gebürge, um ſich Fackeln für ihre nachtſchwär-
mende Reiſe zu bereiten.

Nahe beim gelben Acis-Strohme, den
oft die weiße Galathee dem Meere vorzieht
und ihn mit zierlichem Schwimmen durch-
ſchneidet, war ein geheiligter Hain, der mit
ſeinen verſchränkten Zweigen Aetnas Berggipfel ſo viel möglich bedeckte. Hier, ſagt
man, ſoll der Vater der Götter die blutige

Aegide abgelegt, seine gewonnene Beute hieher gebracht haben. Ueberall stolziret der
Wald von Phlegräischem Waffenraube, und
den ganzen Forst bekleidet der Sieg. Hier
sind die weiten Rachen, hier hängen die er-
staunlichen Rücken der Riesen herab, und drohen noch furchtbar. Ihre Gestalten sind an
die Stämme befestigt; hin und wieder bleichen
die Haufen des ungeheueren Schlangengebei-
nes; ihre rauhen Häute erseufzen noch von
dem häufigen Blitze: da ist kein Baum, der
sich nicht eines berüchtigten Nahmens rühmen
könnte. Dieser erträgt kaum mit krummge-
bogenem Wipfel die hundert entblößten
Schwerdter des zweileibigen Aegeons, jener
stolziret mit Cäus schwarzblauen Trophäen;
ein andrer unterstützt Mima's Beute, noch
andere belastet der entwaffnete Ophion. Höher aber denn alle, trägt eine weitschattende
Tanne des Riesenkönigs Enceladus rauchen-
den Waffenraub, und sänke von der Last, wenn
die Müde nicht von einer benachbarten Eiche
gestützt würde. Daher der Schauder und
das Göttliche des Ortes; das greise Alter
des Hains gebeut Schonung; es wäre Frevel,
die ätherischen Siegeszeichen zu verletzen. Kein
Cyclop untersteht sich, hier seine Schafe zu wei-

ben, noch die Steineichen zu beschädigen;
Polyphemus selbst flieht diesen geheiligten
Schatten. Aber Ceres hielt dieß nicht ab:
eben das Heilige des Orts entflammte sie nur
heftiger; zweifelhaft schwang sie hier das Beil,
und würde Jupiters selber nicht geschont ha-
ben. In Eil hieb sie Fichten und knorrenlose
Zedern darnieder; sie untersuchte jeden schick-
lichen Stamm, den Umfang des geraden
Schaftes, und prüfte jeden Ast mit Rütteln.
So wie der Seefahrer, der sein Leben in die
Sturmwinde wagen und auf dem Lande sein
Schiff bauen will, das seine Waaren weit
über Meer bringen soll, die Buchen und Er-
len mißt, und die rohen Waldstämme zu ver-
schiedenem Gebrauche benutzt: der schlanke
Baum giebt den schwellenden Seegeln die
Rhäa; der stärkere taugt besser zum Maste;
das zähe Holz schickt sich zum Ruder, das
wasserfeste zum Kiel.

Zwei Zwillings-Zipressen erhuben auf dem
benachbarten Rasen die unversehrten Häupter,
dergleichen weder der Simois auf Ida's Felsen
bewundert, noch Orontes, der Ernährer des
Apollinischen Hains, an seinen reichen Ufern

benetzt. Gleich Brüdern standen sie mit ihren ähnlichen Wipfeln, und ihre gesellschaftlichen Scheitel blickten herab auf den Wald. Sie erwählte Ceres zu Fackeln. Hochgeschürzt, mit entblößten Armen, und mit dem Beile bewaffnet, überfiel sie beide, hieb Stamm um Stamm, und stürzte die Wankenden mit Anstrengung aller Kraft. Sie fielen zugleich; zugleich legten sie ihr Haupthaar auf das Feld nieder, zu großem Schmerz der Faunen und Dryaden. Ceres aber ergriff beide, hob sie hoch empor, und bestieg mit rückwärts flatterndem Haare, den Gipfel des schnaubenden Berges, drang durch die Glut und über die unwegsamen Steinklippen; ihre Fußtapfen betraten den unwilligen Sand. So stürmt die gräßliche Megäre dahin, um ihren pestbringenden Tarus für irgend eine Lasterthat zu entzünden, wenn sie nach Cadmus Mauern will, oder in Thyests Mycene zu wüthen eilt: ihr weichen die Abgeschiedenen und die Finsterniß aus, von ihren Eisenschuhen bebt der Tartarus, bis sie am Phlegeton stehen bleibt, und ihre Fackel an seinen vollen Fluthen entflammt.

Als sie zur Mündung des brennenden
Berggipfels kam, warf sie beide Cypressen
mit ihren leicht zu entzündenden Wipfeln mitten in den Schlund, und verstopfte die flam-
menwallende Oeffnung. Der Berg donnerte
von dem eingezwängten Feuer, der einge-
schloffene Mulciber arbeitete: aber die ver-
deckten Feuerdünste machten sich Luft. Die
zapfentragenden Wipfel entbrannten, Aetna
wuchs von neuer Asche, und alle Zweige knit-
terten von dem anfliegenden Schwefel. Itzt
aber, damit einer so langen Reise das Feuer
nicht gebrechen möge, benetzte Ceres die Stämme
mit dem Zaubersafte, womit Phöbus seine
Rosse, Luna ihre Kinder beträufelt, und gebot ihnen, unauslöschlich und unverbrennbar
zu seyn.

Schon hatte das nächtliche Schweigen
seinen schlafbringenden Wechsel über die Erde
verbreitet; als Ceres mit wunder Brust ihren
langen Weg antrat. „Ach! (rief sie:) Ganz
„andre Fackeln hoffte ich dir, Proserpine, zu
„tragen! Schon schwebten mir die gemein-
„schaftlichen Wünsche der Mütter, die festli-
„chen Hochzeitfackeln, und der vom Himmel

„mit Gesang zu feiernde Hymenäus vor Au-
„gen. So werden wir Götter vom Geschick
„umhergetrieben! So darf Lachesis ohne Un-
„terschied wüthen! — Wie stolz war ich noch
„vor kurzem! Wie umdrängten mich die Be-
„mühungen der Freier! Welche Aeltern hätten
„mir nicht ihre zahlreichen Kinder für diese
„Einzige vertauscht! Du warst meine erste,
„du meine letzte Wollust; durch dich schien ich
„eine glückliche Gebährerin. O meine Zier,
„o meine Zufriedenheit, o süßer Stolz deiner
„Mutter; du blühtest, und da war ich Göt-
„tin; es stand wohl um dich, und nicht ge-
„ringer war ich als Juno: nun bin ich ver-
„worfen und elend! So beschloß es dein Va-
„ter. — Doch, warum will ich ihm diese
„Thränen zurechnen? Ich bekenne, ich bin die
„Grausame, die dich geraubt hat; denn ich
„verließ dich, und gab dich Hülflose den um-
„herlauernden Feinden Preiß. Allzusicher
„genoß ich der wilden Thyasischen Tänze,
„koppelte freudig auf weitschallenden Feldern
„die Phrygischen Löwen zusammen, in-
„dessen du geraubt wurdest! O begnüge dich
„an der Strafe, die ich verdient habe! Mein
„Antlitz ist von Schlägen wund, und tiefe

„Narben röthen meinen Busen. — Aber,
„unter welchem Himmelsstriche, in welcher
„Weltgegend soll ich dich suchen? Wer wird
„mein Wegweiser seyn? Welche Spuren
„werden mich leiten? Wessen war der Wa-
„gen? Wer der Wilde selbst? Ist er des
„Meeres oder der Erde Bewohner? Wie soll
„ich das Gleiß seiner vogelschnellen Räder
„finden? Doch ich will gehn, gehn will ich,
„wohin mich Fuß oder Zufall trägt. Möge
„so die verlassene Dione ihre Venus suchen! —
„Wird aber meine Mühe nicht vergeblich
„seyn? Werde ich, o Tochter, dich wieder
„umarmen dürfen? Wirst du noch jene
„Schönheit, deine Wange noch jenen Glanz
„haben? Oder, werde ich Unglückliche dich
„wiedersehn, wie du mir nächtlich im Traum
„erscheinst?"

So sprach sie, und enteilte dem Aetna.
Sie gab den mitschuldigen Blumen und der
Stelle des Raubes ihren Fluch, folgte den
Anzeichen bald dieses bald jenes Weges,
durchspähete bei vollem Licht die Felder, und
neigte ihre Fackeln. Thränen verwischten jedes Gleiß; wo sie durch die Luft wandelte,

heulte sie jedem Pfade entgegen. Ihr Schatten schwamm über Meer; der letzte Glanz
ihrer Fackel traf Italien und Libyen; das
Hetrurische Ufer ward erleuchtet, und die
Syrten schimmerten in der flammenden See:
fernher kam sie zum Abgrunde der Scylla,
deren zurückgerufene Hunde theils furchtsam
schwiegen, theils noch unerschrocken fort-
bellten ꝛc.

Dritter

## Dritter Brief.

Wie? Fast sechs Wochen lang keine Zeile von
meiner Freundin? Das hätte mir auffallen,
hätte mich auf den Argwohn bringen können,
daß Sie vielleicht des ganzen Claudians, vielleicht auch des ganzen Spaßes eines litterarischen Briefwechsels überdrüßig geworden wären, ehe er noch recht anfing: allein, aufrichtig, ich hegte keinen Argwohn dieser Art;
ich kannte Ihre Wißbegierde zu genau, und
überzeugte mich im Voraus, (was mir auch
nun der Erfolg beweist,) daß Sie Sich Zeit
nehmen würden, unsern Römer genau kennen
zu lernen, Ihre Bemerkungen zu ordnen,
und daraus Ihr Endurtel zu folgern. Sonst
der Zweifel ist das der richtigste Weg, nicht
nur der Kritik, sondern auch aller menschlichen Klugheit. Werden Sie es mit Ihrem
künftigen Bräutigam so machen, wie mit diesem Claudian, so kann es nicht fehlen, daß
Ihre Wahl eben so glücklich, als itzt Ihr kritisches Urtel richtig seyn wird,

M

Was soll ichs läugnen, daß ich Sie auf
die Probe stellte? Ich verrieth Ihnen nicht
im Voraus meine eigentliche Meinung über
den Rang und Werth unsers Dichters; ich
wollte erwarten, ob unsre Gedanken über
ihn, endlich zusammen treffen würden oder
nicht. Itzt gestehe ich Ihnen mit Vergnügen, daß Ihre Meinung über unsern Claudian im Grunde ganz die meinige ist. Sie
bewundern mit Recht sein Talent, seine reiche
Phantasie, seine Schöpferkraft. Als Sie aber
sagten: „daß in ihm ein ganzer Parnaß, Homer, Ovid, Anakreon ꝛc. zu finden sei; so
machte mich das auf ein Paar Augenblicke
stutzig: denn, dachte ich, nicht das Brausen,
sondern die Abklärung hat keinen Homer,
Ovid und Anakreon gemacht; man mag sich
wohl über die Kraft des jungen Weines, der
sein Faß zersprengt, verwundern, doch loben
kann man ihn noch nicht. — Ihr Nachsatz
brachte mich wieder aus dem Irrthume. Aber
 „setzten Sie hinzu, gleichwohl ists nicht die
„Bewunderung, die ich der Ilias, der
„Meßiade, dem verlohrnen Paradiese, und
„sogar der Henriade zolle. Ich weiß nicht,
„welche Leere er, ungeachtet seines Reichthums,
„in meinem Gefühle läßt; es war mir, wie

„bei dem Besuche einer großen Bildergallerie,
„jedes einzele Stück gefiel mir, und doch
„konnte ich keine zusammenhängende Empfin=
„dung über das Ganze erlangen.‟

Sehr wahr! Der Epopöendichter soll kein
Aufsteller einzeler Gemählde seyn; er soll
(was der Gallerieinspektor und selbst der Mah=
ler nicht kann,) Absicht, Veranlassung, Hinder=
niß und Entwickelung seiner Begebenheit oder
seines Stoffs, zweckmäßig anordnen, und in
schöner Verbindung zu Einem Ganzen darstel=
len; das heißt, er soll einen richtigen und
interessanten Plan, dieser aber Einheit, Ord=
nung und Schönheit haben. Lassen Sie uns
nun ein wenig genauere Rechnung halten, wie
unser Dichter das alles erfüllt.

Schon in meinem vorigen Briefe verbarg
ich Ihnen nicht ganz, daß Claudian in diesem
Haupterfordernisse jeden Gedichts, sehr nach=
läßig zu Werke geht; den heimlichen Fehler
hat auch sein Proserpinenraub. Zwar ist die=
ses Gedicht nicht vollständig bis auf uns ge=
kommen; vielleicht ist die Hälfte davon, viel=
leicht wohl noch mehr verlohren gegangen;
aber wir können aus dem, was uns übrig

M 2

blieb, seinen Gang mit großer Wahrscheinlichkeit errathen. Er verräth ihn uns selbst.
Gleich im ersten Gesange zeichnet er dem Leser seinen Plan also vor: „Eröffnet mir, ihr
Gottheiten der Unterwelt, durch welche Fackel
Amor euern König bezwang; durch welchen
Raub entführt, die verzweifelnde Proserpine
das Chaos zum Brautgeschenk erhielt; wie
viel Länder ihre Mutter durchirrte, bis die
Völker Gesetze bekamen, die Eichelkost aufhörte, und die Eiche Jupiters den neuerfundenen Aehren nachstand.“ — Diese vorläu-
fige Ankündigung des Plans (deren sich der
Epopödendichter aus guten kritischen Gründen
nicht wohl entbrechen kann,) verspricht erstlich
weit mehr, als das Gedicht wirklich leistet:
denn von der Art und Weise, wie Amor über
den König der Unterwelt siegte, erfahren wir
gar nichts; lange Weile und Mißgunst über
das Glück der andern Götter in diesem Punkte,
bestimmen ihn allein, daß er eine Gattin er-
zwingen will. Zweitens aber ist diese Ankündigung viel zu dunkel und unbestimmt. Wird
der Raub, oder wird die Civilisirung
der rohen Naturmenschen der Hauptgegenstand des Gedichts seyn? — Diese Frage
mußte Ihnen, und wohl jedem andern auf-

merksamen Leser einfallen. In dieser Unge=
wißheit haben wir keinen festen Gesichtspunkt,
und unsre Theilnahme wird in Zweideutigkeit
und Zweifel versetzt. Erst spät hinterher, im
dritten Gesange, erfolgt hierüber einiger
Aufschluß durch Jupiters Rede an die Götter=
versammlung: da erst erfahren wir, daß Pro=
serpinens Entführung nur die Gelegenheit
sei, daß ihre Mutter Ceres sie überall auf=
suchen, und, wenn sie ihre Tochter endlich
wiederfände, aus Freude hierüber die Men=
schen (die bis dahin mit den Thieren von einer=
lei Futter lebten,) den Ackerbau lehren sollte.

Freilich ist es ein treffliches dichterisches
Kunststück, wenn der Verfasser dem Leser sei=
nen Zweck zwar ahnen läßt, aber die Art und
Weise der Entwickelung zu verstecken versteht,
bis diese, durch ihre Krümmungen unver=
merkt herbeigeführt, den Leser um so viel an=
genehmer überrascht, da er schon selbst ein
dunkles Vorgefühl davon hatte. Unsers Clau=
dians Entwickelung hingegen, steht mit der
Ankündigung selbst in keiner schönen, oder
auch nur richtigen Uebereinstimmung; sie
überrascht nicht angenehm, sie fällt vielmehr,
so zu sagen, ohne Vorbereitung mit der Thür

ins Haus. Daß die Reise der Ceres, und
ihr daraus entsprungener Nutzen, ein allge-
meiner Volksglaube, ein bekannter Zug der
religiösen Mythologie war, das dispensirte den
Dichter nicht von seiner Kunst; er sollte das
alles in bessere Verbindung setzen, und sein
Genie in Anordnung eines schön entworfenen
Plans zeigen: aber er giebt sich hierüber nur
allzuwenig Mühe. Er verschwendet zu viel
Aufwand auf die bloße Veranlassung,
nehmlich auf den Proserpinenraub, von welchem auch das ganze Gedicht den Nahmen
führt, ungeachtet er nach des Dichters erklär-
ter Absicht, der Hauptgegenstand seines Werkes nicht seyn sollte noch konnte: kurz, es ist
hier überall zwiefaches, getheiltes, und mit-
hin geschwächtes Interesse.

Er verpaßt die vortheilhafteste Gelegenheit zu besserer Anlegung seines Plans, gleich
im ersten Gesange, als Jupiter vom Merkur
Pluto's ungestümes Verlangen erfährt. Hier
wär es Zeit gewesen, die Verlegenheit des
Donnerers, zwischen der Vaterliebe gegen
seine Tochter Proserpine, und dem alle Götter bindenden Schlusse des Schicksals, ins
Spiel zu bringen, und so dem Leser die Fol

gen nur einiger Maaßen ahnen, obgleich nicht
völlig errathen, zu laſſen. Aber ſehen Sie
einmahl, wie ärmlich überhaupt ſich dieſer
ganze Jupiter beträgt! So bald er ſeines
unterirdiſchen Bruders Bothſchaft erhält,
äußert er dabei nichts als die Beſorgniß, welches Göttermädchen wohl, ſtatt des Sonnenlichts, den hölliſchen Abgrund wählen würde;
da er doch ſchon längſt den unabänderlichen
Schluß des Schickſals hierüber wußte. Da
iſt kein ſtolzer Unwille des allmächtigen Donnerers wider den König der Nacht, keine Spur
von Vaterliebe gegen die arme Proſerpine!
Weiter erfahren wir auch nichts; keine Ge-
genbothſchaft, keine Verabredung mit dem
Bruder, der ſchon im zweiten Geſange (ein
wahrer Gott aus der Maſchine,) erſcheint,
und ſeinen Raub vollzieht. Nur der Venus
allein vertraut ſich Zevs, eröffnet ihr, daß
dieſe Eheverbindung der Wille der Parzen ſei,
und befiehlt ihr, morgenden Tages ſchon durch
ihre Liſt die argwohnloſe Proſerpine aus ihrem Gewahrſam ins Freie zu locken. Auf
ſeinen Befehl begleiten die Liebesgöttin, Minerva und Diana, die um das ganze Geheimniß nichts wiſſen: auch läßt ſich nicht die min-
deſte Urſache angeben, warum gerade dieſe

beiden dabei seyn mußten. Es war voraus
zu sehn, daß sie sich dem Räuber widersetzen,
und also den Absichten des Olympischen Herrn
Schwiegerpapas eher zuwider, als förderlich
seyn würden. Dieß geschieht auch wirklich,
und Jupiter weiß sich in dieser Verlegenheit,
die er sich ohne alle Ueberlegung selber zuzog,
nicht anders zu helfen, als daß er, da beide
sich schon der Entführung entgegen stellen,
Minerva schon ihre Lanze schwingt und Diana
den Bogen spannt, einen Blitz über sie hin-
schleudert und dadurch die beiden Heldinnen
abschreckt. Endlich, im dritten Gesange, versammelt er alle Götter des Himmels und der
Erde, und eröffnet ihnen in einer ziemlich
langweiligen Rede, daß ihm die Menschen
viel Kummer machten; daß er ihnen die Noth
zur Lehrmeisterin gegeben habe, damit sie nicht
durch den Luxus verdürben: (eine ganz vortreffliche Polizei-Operazion!!) Allein da
hätte ihn nun die allgemeine Mutter Natur
mit schweren Klagen überlaufen, daß das
Menschengeschlecht dadurch zu den Thieren
herabgesunken, er selbst aber ein Knicker und
Tyrann geworden sei: durch ihre Lamenten
bewogen, habe er nun den Schluß gefaßt,
die Göttin Ceres durch die Entführung ihrer

Tochter zu zwingen, daß sie dieselbe in aller
Welt aufsuchen, und, aus Freude beim end-
lichen Wiederfinden, das Menschengeschlecht
den Ackerbau lehren solle. Am Ende der
Orazion droht er sämmtlichen Göttern, von
der Juno an bis auf die geringste Najade,
dieß und das, wenn sie der Ceres das mindeste vom Aufenthalte Proserpinens verriethen.

Alles dessen bedurfte es, meines wenigen
Ermessens, gar nicht. Ceres war ja, wie
sie in ihrer Mutterangst gegen den ganzen
Olymp erklärt, willig und bereit alles zu thun,
was man von ihr verlange, wenn sie nur ihre
verlohrne Tochter, nicht einmahl wiederfände,
sondern nur wisse, wo sie sei: es konnte ihr
also die Erfindung des Ackerbaues zu Gunsten
der verwilderten Menschheit, gar leichten
Preises abgetauscht werden, ohne daß es nothwendig war, sie in aller Welt herum zu jagen, und es auf den ungewissen Erfolg an-
kommen zu lassen, ob sie beim Wiederfinden
ihrer Tochter, aus Freude die Menschen
den Ackerbau lehren, oder aus Groll und
Rache nicht lehren würde. Wenigstens mußte
Jupiter das erstere nicht so zuverläßig ver-
sichern, und dadurch dem Interesse der Auf

lösung im Voraus zu großen Nachtheil zuschlägt. Ich gebe zwar zu (denn ich sehe schon den Einwurf auf Ihren Rosenlippen schweben,) daß unser lieber Heide in allen diesen Mythologischen Grundzügen, etwas wesentliches nicht verändern durfte: allein bessere Veranlassung dazu hätte er als Dichter ohne Bedenken wagen können. Da er aber das nicht gethan hat, da sein Jupiter sogar (unbegreiflich! und ganz wider seinen Zweck!) den Göttern unter Ankündigung seiner ganzen Rache verbietet, daß sie der Ceres nicht das mindeste, wo ihre Tochter sei, verrathen sollen; so herrscht in seinem Plane durchgehends Inkonsequenz, Widerspruch und Unordnung. Jupiters unbestimmter Charakter vermehrt diese Fehler nicht wenig: denn bald schiebt er die Schuld des Proserpinenraubes auf das Schicksal, auf die Parzen, und auf die Prophezeihungen der Themis; bald giebt er blos die Klagen der Mutter Natur, als Ursache seiner Einwilligung in diese Entführung an: kurz, er zeigt sich überall als einen schlechten Denker, Vater, und — Gott. Der ganze Jupiter ist unserm Claudian verunglückt; und da dieser eines der unentbehrlichsten Triebräder in der ganzen Maschine ist, so muß nothwendiger Weise auch der Plan darunter leiden.

Ein mehreres läßt sich über den Plan dieses Gedichts und dessen Durchführung nicht
urtheilen, da der Schluß, vielleicht gar die
Hälfte des Ganzen, verlohren gegangen ist.
Zu Folge seiner Ankündigung haben wir nichts
weiter zu erwarten, als die Reise der Ceres,
das endliche Wiederfinden der Tochter, und
die davon abhängende Versittlichung des Men-
schengeschlechts durch Erfindung des Ackerbaues:
aber die bildliche Phantasie unsers Dichters
fand hierinne gewiß übervolle Nahrung und
Stoff zu mehrern Gesängen. Vermuthlich
hat er auch die hiemit im Zusammenhange
stehenden Mythologischen Züge, als Episoden
seines Werkes benutzt; denn bekanntlich ge-
reuete Jupitern endlich seine Härte gegen Proserpinen, und er beschloß, daß Ceres ihre
Tochter, wenn sie noch keine Speise in der
Unterwelt genossen habe, mit sich zurückneh-
men möge: allein, leider! hatte Proserpine
inzwischen etwas von einem Granatapfel gekostet, und Pluto bestand auf der Gerechtsame seines Besitzes; bis zuletzt dieser höllische
Prozeß durch einen Vergleich abgethan ward,

vermöge dessen Proserpine wechselsweise, bald
bei ihrem Gemahle, bald bei ihrer Mutter
bleiben mußte. Vielleicht wäre hier für den
Dichter die schönste Gelegenheit gewesen, Jupitern wieder zu Ehren zu bringen, und ihn
einen Theil seiner Sottisen wieder gutmachen
zu lassen; man kann aber über dieß alles
nichts zuverlässiges heraus bringen noch be-
haupten. Ich füge also nur noch einige zer-
streute Bemerkungen über die Ausführung
dieses Gedichts im Einzelen, und über des
Verfassers poetischen Charakter überhaupt,
hinzu.

Seinen Zevs haben wir schon hinlänglich
besehen: also kein Wort weiter von ihm! Unendlich besser gerieth Pluto unserm Dichter;
er ist vortrefflich in Zeichnung und Kolorit;
ganz der lichtscheuße, starrköpfichte, ungestüm
auffahrende Despot der Unterwelt: die Liebe
wirft ein zwar grelles, aber unnachahmlich
kräftiges Schlaglicht auf seine Figur. Läßt
sich was treffenderes denken, als sein Benehmen gegen die geraubte Proserpine, und sein
Zureden, wodurch der unerfahrene Rauhe sie
zu schweigen mehr als zu gewinnen glaubt?
Weit entfernt von einer Liebeserklärung, oder

auch nur von einer Entschuldigung, weiß er
nichts tröstlicheres für sie, als die Hererzäh-
lung aller seiner unterirdischen Herrlichkeiten.
Ueberdieß ist die Beschreibung seiner Reise
nach der Oberwelt, seine Wiederkunft, sammt
seiner Vermählungsfeier, wirklich ganz vortrefflich gearbeitet.

Ceres Charakter ist ebenfalls sehr gut angelegt und gehalten. Sie erscheint ganz als
liebevolle Tochter und Mutter: aber auch
ganz als unglückliches, bei ihrem Unfalle
dennoch stolzes, sodann aufgebrachtes, und
endlich tobendes Weib. Die allmählige Ab-
stufung in dem allen, ist dem Verfasser mei-
sterhaft gelungen; doch hätte ich gewünscht,
er möchte nicht zu stolz gewesen seyn, einen
Zug aus Ovids Verwandlungsgemählden zu
benutzen, und ihn auf seine Art darzustellen.
Bei jenem Dichter läßt Ceres ihren ersten
Grimm an dem unglücklichen Lande, dem
Schauplatze der Entführung aus; zerbricht
aus Rache den Pflug, tödtet Stier und Landbewohner, nimmt die berühmte Fruchtbarkeit
hinweg, und verderbt aus Rache nicht nur
die aufgehenden Saaten, sondern auch das
Saamenkorn selbst. Alles sehr bildlich

charakteristische Zügel! — Doch, wir wollen
nicht im Finstern uns uns schlagen: vielleicht
fund unser Dichter dennoch in der Folge der
verlohren gegangenen Gesänge Gelegenheit,
dieß alles nachzuholen; denn mehr als wahr-
scheinlich stellte er da die Nymphe Arethusa
auf, die bei der erzürnten Göttin für das
schuldlose Land um Schonung bat, und ihr
bei der Gelegenheit verrieth, wo sich ihr ihre
Tochter befände.

e Proserpine selbst, ist ein — Mädchen
gewöhnlichen Schlages; unschuldig zwar und
sanft, aber charakterlos; und würde, wenn
sie nicht die Braut wäre, um die getänzt
wird, dem Leser sehr wenig interessant seyn.
Blos bei ihrer Entführung erhebt sie sich in etwas durch die schönen Klagen über ihr Unglück; aber ihr geduldiges Benehmen, da
man sie in der Unterwelt als Braut zur Vermählung ausschmückt, macht dargegen einen
zu auffallenden Kontrast; beinahe scheint es,
Pluto habe sie genau genung gekahnt, als
er ihr statt aller Erklärung seiner Liebe, nur
von seiner tatarischen Herrlichkeit vorsagte.
Sie scheint sich wirklich dabei beruhigt zu
haben.

Noch weit mehr scheint mir Cythereens
Charakters verfehlt zu seyn. Ovid giebt ihr
sehr natürlich ihren Cupid zum Gehülfen, um
den König der Nacht verliebt zu machen: aber
bei unserm Claudian führt sie auf Befehl Jupiters, der ihr gar sein vorspiegelt, was sie
dadurch an Macht gewinnen werde, die Ka-
bale ganz allein. Konnte sie denn nicht selbst
auf den Gedanken gerathen, daß durch Plutos Besiegung sich ihr Reich um vieles ver-
größern werde? Konnte und mußte sie nicht
über einen solchen Entwurf entzückt und stolz
werden? Itzt läßt sie sich dieses blos gefallen; schändet das Göttern und Menschen heilige Gastrecht, in welches das arme unschul-
dige Mädchen sie aufnahm; verlockt sie durch
unwürdige List, und schleicht sich endlich nach
vollbrachtem Raube, sonder alle Aeußerung,
außer der, einer unolympischen Schadenfreude,
davon. Es fehlt nichts, als daß Claudian
sie noch im Rückwege ihr Absteigequartier beim
Kriegsgotte nehmen, und ihm ihr beständiges
Abentheuer erzählen ließe. Sie hat nicht
einmahl, als Ceres ihr einen Theil ihrer skan-
dalösen Chronik vorhält, Geistesgegenwart
genung, um eine Silbe Antwort aufzubrin-

gen: — Weg mit ihr! Sie ist weder Ihre Göttin, noch kann sie die meinige werden.

Pallas und Diana, — bloße Nebenfiguren, die, nach dem zu urtheilen, was uns der Dichter davon sehen läßt, eben nicht verfehlt, aber auch nicht sonderlich anziehend sind. Die Mahlerei an ihren Bekleidungen ist ihm zwar sehr gut gerathen, und wenn das, wie man sagen will, auch mit ein wenig zur weiblichen Charakteristik gehört; — so habe ich nichts darwider. Auch sind beide Damen nicht ohne Muth, und gleich mit dem Gewehre bei der Hand; nur Schade, daß sie blutwenig damit ausrichten, und blos die Pferde des durchlauchten Räubers scheu machen. Doch, lassen Sie uns gerecht seyn: beide würden mehr gethan haben, wenn Jupiter nicht mit dem Blitze dreingeschlagen hätte. Ob dieß nun aber schlechterdings nothwendig war, ob hierinnen ein unumgänglicher mythologischer Zug vorwaltet oder nicht, das wissen wir itzt freilich nicht mehr mit Zuverläßigkeit; ich zweifle aber daran, da Ovid von alle dem, so wie von Minervens und Dianens Gegenwart bei der Entführung, kein Wort gedenkt: folglich fiele doch wohl die Schuld ein wenig auf

den

den erfindenden Dichter, und beyde Göttinnen
blieben hier ein Paar sehr entbehrliche Figuren. Gesetzt auch, der Dichter hätte sie nö-
thig gehabt, um eine gewisse Leerheit in seiner Hauptgruppe zu vermeiden; so mußte er
sie doch nicht bloß skizziren, sondern besser mit
dem Ganzen verbinden, und charakteristischer
ausmahlen.

Nicht mehr und nicht weniger als eine
gewöhnliche kalte Theatervertraute, will die
Amme Elektra bedeuten. Freilich ist sie nicht
wohl zu entheben, da sie der Dichter dazu,
daß sie der Mutter zuerst einige Nachricht von
der Entführung giebt, nothwendig hat; allein
Sie wünschen doch wohl mit mir, daß er das
gute Geschöpf ein wenig deutlicher ausgemahlt
haben möchte, sollte es auch nur ein schöner
alter Kopf in Dennern Manier geworden seyn.
Wir sehn izt freilich nicht, wie sie eigentlich
den Lesern interessanter zu machen gewesen
wäre: aber, liebe Freundin, aufs Wort, das
ist des Dichters Sache; und Claudian war
Tausendkünstler genung, auch hier einen
schwachen Zug verstärken zu können, wenn er
nur Willen und Gedult darzu gehabt hätte.
Inzwischen gestehe ich gern, daß ich hier

N

der Dichter in einer sonderbaren Verlegenheit befand. Er mußte entweder alle Züge der Entführung, gleich damahls, als sie geschah, in sein Gemählde zusammen drängen; oder, doch nur einen Theil davon darstellen, und das übrige hieher für die Erzählung der Amme versparen. Er wählte das letztere: und es ist nicht zu läugnen, daß er sich dabei mit vieler poetischen Klugheit benahm.

Noch weit treffender tadelt man Cyanen, Proserpinens erste Dienerin: sie ist, wie sie itzt ist, das unbedeutendste Kammermädchen von der Welt, und zerfließt — ob aus Schrecken oder Zärtlichkeit, das weiß man nicht, da uns Claudian hierüber in Zweifel läßt, — in ein helles klares Wässerchen. Ich wundre mich, daß unser Dichter nicht Ovids Fabel von ihr benuhte: dort ist sie eine bloße Fluß-Nymphe, und widersetzt sich dem Räuber sehr muthig, zieht sich aber dadurch seinen ganzen Ungestüm zu, und wird dadurch unendlich interessanter als die Claudianische Cyane. Doch da unser Höllen-Breugel die Rolle des Widerstandes gegen seinen Pluto, blos für Pallas und Dianen bestimmt hatte, so ist es wohl nicht unwahrscheinlich, daß er von jener

Anekdote keinen Gebrauch machen wollte.
Gleichwohl, däucht mir, wäre beides mit einander so zu verbinden, daß keines dem andern
Nachtheil gebracht hätte, eben keine Unmög-
lichkeit gewesen. —

    Kritische Briefe, Theuerste Freundin, soll-
ten doch wenigstens dieß Gute haben, daß sie
nie zu lang würden; nicht wahr, darüber sind
wir einverstanden? Geduld! Ich greife schon,
für heut wenigstens, nach Siegelwachs und
Petschaft, und bin, für immer, Ihr rc.

                 Kretschmann

## Vierter Brief.

Da schickt mir nun meine liebe Freundin einen förmlichen Mahnbrief, und erinnert mich an Zahlungstermin und Münzsorte. — Habe ichs denn schon geläugnet, daß ich Ihnen in meinem letztern Briefe nur die Hälfte meiner Schuld mit *einigen Wahrnehmungen über das Claudianische Gedicht im einzeln*, abtrug, und mit den versprochenen Bemerkungen über des Dichters *poetischen Charakter im Ganzen*, noch im Rückstande blieb? Zuviel auf einmahl, schien mir damahls auf jeden Fall zu viel: auch stellte sich mir die Wahrscheinlichkeit sehr lebhaft vor, daß es Ihnen an Lust und Zeit zu Leserei dieser Art wohl eben so gut fehlen könnte, als mir mitunter an Lust und Muße, so was zu schreiben. Friede zwischen uns! Ich komme ja schon, um Ihnen den Rest meiner Schuld zu bezahlen.

Alles, was in der Welt entweder gar kei‐
nen Charakter, oder doch nicht den hat, den
es haben soll, ist ein unausstehliches, nicht
selten unnützes und werthloses Mittelding.
Es scheint damit fast so, wie mit den abge‐
griffenen verwischten Münzsorten zu seyn: man
weiß nicht, für was man sie nehmen, noch
für was man sie ausgeben soll. Beinah
scheint es vorzüglicher, ein schlechtes, aber
scharfes Gepräge, als gar keines zu haben;
oder, — wie der vortreffliche Möser sagt, —
lieber ein eignes Thier in seiner Art zu seyn,
als sich wie der Löwe zum Katzengeschlechte
rechnen zu lassen. Charakterlos, ist leer und
gemein: Charakter hat jede Tugend, Cha‐
rakter bildet jeden großen Mann; Charakter
habe denn also auch der Dichter! — Nach
diesem vorausgeschickten Exordium, andächtige
Leserin, springe ich nun gleich auf unsern
Text, auf den lieben Claudian, um Ihnen
zu zeigen, daß auch er wirklich Charakter hat.

Er gehört zur dritten, oder sogenannten
ehernen Klasse der Römischen Schriftsteller.
In diesem Zeitraume war der begeisternde
Enthusiasmus, der diese Republik, und her‐
nach das aus ihr entstehende Kaiserthum ver‐

herrlichte, größten Theils verschwunden.; Kunst
und Wissenschaft fingen an, mit der Glorie
Roms zu sinken; selbst die Sprache blieb nicht
mehr, diese, von den großen Schriftstellern
der letztern republikanischen Epoche und der
erstern Kaiserregierungen, gebildete Sprache:
ihr fehlte schon viel von jener Reinigkeit,
Kraft, und Wohlklange. Was Wunder also,
wenn der Styl unsers Claudians nicht mehr
jene beinah attische Urbanität, Glätte und
Rundung hat; daß wir bei ihm den schönen
vollen Virgilianischen Fluß vermissen; daß,
wenn auch seine Verse richtig und mitunter
noch wohllautend genung sind, sein Rhytmus
und sein Periodenbau dennoch im Ganzen ver-
nachläßigt ist? So viel das Ohr der so weit
entfernten Nachwelt, über eine vorlängst todte
Sprache entscheiden kann oder darf; (denn
ein wenig mißlich ist diese Gerechtsame immer;) so scheint unser Claudian weder Ma-
ro's volltönende Reinheit, Kraft und Erha-
benheit, noch Ovids klare, leichte und milde
Süßigkeit zu haben. Doch, — was will
ich denn? Dieß alles gehört so wenig für die
litterarische Toilette einer Dame, als eine
physikalisch-statistische Abhandlung über den
Seidenwurm auf ihren Putztisch: und so gehe

lich denn mit diesem prosodischen Bierkrame, —
woher ich kam. Nur dieses einzige noch!
Es ist immer zu verwundern, wie er, als ein
Ausländer, dem die römische Sprache nicht
angebohren, sondern nur Studium war, sich
ihren Geist und Reichthum dennoch so ganz
zu eigen machte, ja sich sogar, was überall
den Beweis der größten Sprachkenntniß führt,
zum Range eines ihrer Dichter empor hob.
Doch, die römische Litteratur hat mehrere
dergleichen seltene Erscheinungen aufzuweisen:
Terenz, die Seneca's, Marzial, Florus ic.
waren allesammt Ausländer, und schrieben
wie gebohrne Römer. Der Umstand, daß
sie allesammt auch gebohrne Unterthanen oder
Schutzverwandte Roms waren, macht ihr
Verdienst, und das Wunderbare der Sache
nicht geringer. Noch itzt sind Lombarden,
Kroaten, Ungarn und Böhmen ic. allesammt
Unterthanen eines teutschen Zepters: aber,
haben sie denn auch die teutsche Sprache voll-
kommen in ihrer Gewalt?

Was nun, außer Sprache und Styl,
seine eigne Darstellungsweise betrifft; so muß
jedem unpartheiischen Leser sogleich auffallen,
daß unser Claudian nicht nur gedrungen, son-

dern vielmehr vollgestopft von Gedanken, Sa-
chen, Anspielungen der Mythologie und Ge-
schichte ist: deßwegen fehlt ihm jene liebens-
würdige Klarheit, in welcher man bei andern
großen Dichtern ihre Darstellungen erblickt,
und sogleich tief in Geist und Herz dringen
fühlt. Ein großer Park erfordert nicht nur
Raum und Vorrath, sondern auch geschmack-
volle Vertheilung ohne Verwirrung und Gedränge: nichts ist widerlicher als ein be-
schränkter Fleck Boden, in welchen der Eigen-
thümer mit Gewalt das halbe Naturreich
hineinpfropfen will. — Claudian entfernt sich
auch zu wenig vom Gesuchten und Geschraub-
ten; ja man findet hin und her bei ihm Spuren, daß er sogar das Wortspiel nicht ver-
schmäht. Ein anderer Fehler ist seine über-
triebene Bildersucht. Im zweiten Buche
sagt er bei Beschreibung von Hethna's Blu-
menfluhr, nicht prächtiger sei der Parthische
Königsgürtel mit Juwelen geschmückt; nicht
herrlicher würde die Wolle mit Purpur gefärbt, nicht schöneres Gefieder entfalte der
Pfau, nicht bunter glänze der Regenbogen
u. s. w. Bald drauf vergleicht er die Ge-
schwindigkeit der Plutonischen Rosse nicht nur
mit dem reißenden Winterstrome, sondern

auch mit dem Fluge des Wurfspießes; mit
der geschwungenen Lanze; mit dem Sturmwinde und mit den Gedanken der Seele. Zu
was aller dieser Kram? Ein einziges, von
diesen Gleichnissen wäre hinlänglich gewesen.
Er hätte bedenken sollen, daß dergleichen Ueber-
häufungen unsre Einbildungskraft in das un-
angenehmste Gedränge bringen, und sich unter einander selbst schwächen. Zu viel, ist
in diesem Falle wirklich gar wenig. — Am
Geschmacke scheint es unserm Dichter hie und
da gleichfalls ein wenig zu fehlen. Dahin
rechne ich verschiedne ganz mißrathene Gleich-
nisse, besonders seine Beschreibung von Proserpinens gewebter Tapete, und von ihrer
Kleidung, die ich schon in einer Note gerügt
habe. Vermuthlich hat Claudian hierzu ho-
merisiren versucht, aber der Versuch ist völlig
verunglückt.

So wie sein Styl nicht mehr der des
goldnen Zeitalters ist; so trägt auch sein poe-
tisch-moralischer Charakter nur allzusehr den
Anstrich der damahligen Zeitsitte, einer skla-
vischen Verehrung gegen seinen Kaiser und
die Großen Roms. Er ist zu schmeichelhaft
gegen den Glücklichen, zu grausam gegen

den Unglücklichen. Seine Gedichte auf den Kaiser Honorius und den Feldherrn Stilito, sind eben so voll übertriebener Lobeserhebungen, als die, wider die beiden gestürzten Staatsschwämme Rufin und Eutrop, voll Pasquill; so viel poetisch-schöne Stellen sie auch enthalten mögen. Die letztern beiden sind die herrlichsten versifizirten Schmähungen, die man sich denken kann. Aber, nicht also der edle Dichter:

> Der königliche Vogel schweigt,
> Und läßt die trägen Thiere schreien.

Ungeachtet aller dieser Flecken, glänzt sein dichterisches Genie dennoch mächtig hervor. Er ergreift oft den trockensten Stoff, und weiß etwas anziehendes daraus zu schaffen. Ob bleibt er sich, sei es Fehler oder Schönheit, durchgehends gleich; immer Original, nirgends Nachahmer. Daß er ältere Dichter, besonders den Statius nachgeahmt oder gar beraubt haben sollte, wie ihm (geschwind nehmen Sie den Huth ab, wenn Sie ihn gerade aufhaben!) der Oberkunstrichter Caspar Barth vorwirft, ist, mit dessen Wohlnehmen, — eine kritische Schimäre. Ueberhaupt sind die Alten von jeder Art der subtilen

oder gröbern Sünde des Plagiums weit rei-
ner, als die Neuern: und unser Claudian
läßt sich diesen Vorwurf so wenig machen,
daß er sogar die Erzählung Ovids vom Proserpinen-Raube, nicht im mindesten benutzte,
vielmehr ganz andere Züge zur Veranlassung
und Ausführung erfand, und sein Epos darauf errichtete. Nie fehlt es ihm an Erfindung und Schöpferkraft; alles stellt sich seiner
weitumfassenden Einbildung lebendig und an-
schauend dar: eben so giebt er es wieder. Er
ist bei weitem unter allen römischen Dichtern
der bilderreichste: und Freundin, im größten
Ueberflusse stellt er uns Figuren und Gruppen,
Zeichnungen und Gemählde dar, die an Ideal,
Zusammensetzung, Farbengebung, innerer
Deutung und Kraft, warlich keinen Homer
oder Virgil Schande gemacht haben würden.
Auch ist er nicht weniger glücklich bei furchtbaren, als bei sanften Gegenständen. Sein
Pluto ist eben so schrecklich, seine Helden eben
so stattlich, als seine Liebesgötter hold und
reizend sind. Oft weiß er seine Schilderun-
gen so zu ordnen, daß ihre Züge sich nach
und nach verstärken, und der letzte Pinsel-
strich gleichsam das Ganze heraushebt und vol-
lendet. Nicht selten überrascht er uns auch

durch eine kräftige Sentenz, das Resultat seiner vorausgeschickten Darstellungen. Kurz, Liebste Freundin! Trotz aller seiner Fehler und Flecken, hat er dennoch vollgültigen Anspruch auf einen hohen Rang unter den Dichtern Roms. Man darf gar nicht zweifeln, daß er dem Virgil selbst die Wage halten würde, wenn er in einer edlern Zeit gelebt, und sein Genie Pflege genung, sein feuriger Geist aber genung Geduld gehabt hätte. — Genung, er gefällt Ihnen, so wie ich ihn gab; und auch dieß sei eine Probe seines wahren Gehaltes: denn welcher Dichter, in Prosa übersetzt, dennoch gefallen kann, der muß wirklich viel inneres Schöne besitzen. Nehmen Sie manchem alten oder neuern Dichter den Reiz des Silbenmaaßes weg: was bleibt ihnen? ....................
....................................................
... Ich habe in dieser Zuschrift mehrmahls Gelegenheit gefunden, des Dichters Ovids zu erwähnen; und ich möchte Sie nicht kennen, wenn dieß nicht Ihre rühmliche Wißbegier erregt haben sollte. Ganz gewiß wird auch Ihnen der Gedanke aufgestiegen seyn, wie es möglich war, daß die heidnischen Dichter in Mythologischen Gegenständen so sehr ver-

schieden seyn durften? Dieß muß uns um so viel mehr auffallen, da wir insgemein ihre Mythologie für ihr Religions-System anzunehmen gewohnt sind. Allein im Grunde ist diese Annehmung ein bloßer Irrthum. Freilich umfaßte ihre Mythologie auch ihre Religions- und Glaubenslehren; oder vielmehr, durfte nicht wider diese seyn: aber sie stand in keinem höhern Ansehn und Werthe, als die Legenden der christlichen Kirche. Man ließ die verschieden erzählten Begebenheiten von ihren Göttern und Heroen, auf ihren Werthe oder Unwerthe beruhn, und duldete von jeher, daß die Dichter damit ihr freies Spiel ungestört und unverketzert treiben durften. Diese benutzten denn auch Alte so lang verjährte Gerechtsame bestens; ja, es ist sichtbar, daß auch ihre neuern Nachfolger sie mit gleichem Fuge benutzten. Nehmen Sie das verlohrne Paradieß, die Messiade ꝛc., welche Menge von Zügen und Begebenheiten, wovon unsre Bibel kein Wort weiß! Gleichwohl, wo wäre ein Kopf so schwach, daß er von diesen poetischen Auswüchsen die Untergrabung unsrer Religion befürchten wollte? ——

Hiermit satt und übersatt von unserm Claudian, und (wie wir Juristen sagen,)

was dem anhängigen. Erlauben Sie
nur noch, daß ich Ihnen zu besserer Bekräfti-
gung des in diesem Briefe Gesagten, Ovids
Erzählung vom Proserpinen-Raube, aus seinen Verwandlungen als eine nöthige Beilage
hinzufüge, und — (haben Sie Lust dazu? —)
damit einen Uebergang von jenem Dichter zu
diesem mache. — Ovid, Ovid! Der Lehrmei-
ster der Liebe! Der Erfinder der Heroide!
Der süßeste, sanfteste, fast möchte ich sagen,
galanteste Dichter Roms; — gewiß, man
kann nicht genung eilen, ihn einer jungen
Dame bekannter zu machen!

    Damit allen guten Göttern empfohlen!
Ich bin und bleibe &c.

**Kretschmann.**

# Ceres und Proserpina.

### Aus dem fünften Buche der Ovidischen Verwandlungen.

Ceres war es, die zuerst das Erdlos mit dem krummen Pfluge durchfurchete; sie zuerst gab den Ländern Fruchtbarkeit und milde Nahrung; sie zuerst gab Gesetze. Alles ist Ceres Geschenk! Sie will ich singen. O daß meine Lieder der Göttin würdig wären, so wie die Göttin der Lieder würdig ist!

Trinakris, das weite Eiland, aber die Riesengliedmaßen hingeworfen, drückte mit gewaltiger Last den verwegenen Typhöus darnieder, der die ätherischen Wohnungen zu erstürmen hoffte. Zwar widerstrebt er, und versucht oft, sich emporzurichten: aber auf seiner Rechten liegt der Ausonische Pelorus, Pachynus beschwert seine Linke; seine Schenkel der Lylibäus, und Aetna belastet sein Haupt. Rücklings hingestreckt wirft er Sand aus, und sein wilder Rachen speit Flammen hervor. Oft strebt er, die Erdlasten abzuwerfen, Ge-

bürge und Städte von seinem Körper zu wälzen; das Land erbebt, und selbst der König
der Schweigenden fürchtet, daß der Erdboden
sich eröffnen, in breiten Spalt zerspringen,
und das eindringende Tageslicht die zitternden
Schatten erschrecken möchte. Besorgt vor solchem Unheile, ging der Beherrscher aus seinem düstern Wohnsitze hervor, und umkrei-
sete sorgfältig, auf seinem, mit schwarzen
Pferden bespannten Wagen, die Grundfeste
Siziliens. Als er nirgends einen Einsturz
wahrnehm, und seine Furcht sich verlohr, sah
ihn auf seiner Fahrt Venus Erycina von ihrem
Berge herab; ihren geflügelten Sohn umar-
mend, sprach sie: „Sohn, mein Gewaltha-
„ber, nimm die Waffen meiner Hände, nimm,
„o Cupido, dein Gewehr, womit du alles
„besiegst! Du, dem sich itzt die glückliche Gele-
„genheit eines dreifachen Reiches darbietet,
„bereite der Brust dieses Gottes deine schnell-
„sten Pfeile! Du bändigst in die Olympier,
„selbst den Jupiter, sowie die besiegten Gott-
„heiten des Meeres und den Beherrscher die-
„ser Meeres-Götter; warum soll der Tarta-
„rus noch fehlen? Warum erweiterst du nicht
„deiner Mutter und deine eigne Herrschaft?

„Es

„Es gilt den dritten Theil der Welt! Müssen
„wir nicht dulden, daß wir im Himmel ver-
„achtet, und mit mir zugleich die Kräfte der
„Liebe geschmälert werden? Siehst du nicht,
„wie mich Pallas und die Pfeilschützende Diana
„verlassen hat? Auch Ceres Tochter, wenn
„wir das dulden wollen, wird Jungfrau blei-
„ben: denn schon hegt sie diese nehmlichen
„Hoffnungen. Aber, wenn du noch die min-
„deste Dankbarkeit fühlst; so vereinige, für
„unser gemeinschaftliches Reich, diese Göttin
„mit ihrem Oheime!" — So sprach Venus:
er aber löste den Köcher, und wählte nach
dem Gutachten seiner Mutter, aus tausend
Pfeilen den spitzigsten und gewissesten, der
dem Bogen am sichersten gehorcht. Mit an-
gestemmtem Knie spannte er das biegsame
Horn: das mit Wiederhaken bewehrte Rohr
durchfuhr Plutos Herz.

Nicht weit von Henna's Mauern ist der
tiefe See Pergusa. Nicht häufigern Schwa-
nengesang hört der Kaister an seinen strö-
menden Wogen. Ein Wald bekränzet das
Gewässer, umgürtet das Ufer rings umher,
und hält durch das Obdach seines Gezweiges,

O

das Phöbeïsche Feuer ab. Die Aeste geben
Kühlung, Blumen giebt der feuchte Boden;
hier ist ein immerwährender Lenz. Als sich
in diesem Haine Proserpina ergötzte, bald
Violen, bald weiße Lilien brach, in jung-
fräulicher Aemsigkeit Korb und Busen füllte,
und ihre Gespielen im Pflücken zu übertreffen
strebte; ward sie, mit eins, vom Dis erblickt, geliebt, entführt. So eilig war die
Liebe!

Erschrocken und betrübt rief die Göttin
ihre Mutter, ihre Gespielen; doch öfterer die
Mutter: sie zerriß ihr Busenkleid, die
gesammelten Blumen entfielen dem gelößten
Gewande; und so groß war noch die Unschuld
ihrer Jugend, daß auch dieser Verlust ihren
jungfräulichen Schmerz erregte. Aber der
Räuber beschleunigte seine Farth; er trieb die
Rosse an, indem er jedes beim Nahmen rief,
und die schwarzberußten Zügel auf ihren
Mähnen und Hälsen schüttelte. Durch tiefe
Seen, durch schwefelhauchenden Sumpf eilte
er fort, über der Palikoren glutgeborstenes
Land, und wo Bacchus Geschlecht, im meer-
umflutheten Corinth gebohren; Syrakusens
Stadtmauer zwischen den ungleichen beiden

Hafen errichtete. Das Mittel gehörte den
Nymphen Cyane und Arethusa ꝛc.

Hier war es, wo Cyane, die berühmteste
der Sizilianischen Nymphen, als sie der Tiefe
ihres Wasserschlundes entstieg, Proserpinen
erkannte. „Nicht weiter! (rief sie aus:)
„Du sollst nicht wider Ceres Willen ihr Ei-
„dam werden! Erbitten, nicht rauben mußt
„du ihre Tochter. Darf ich Kleines mit Gro-
„ßem vergleichen; so liebte auch mich Anapis;
„aber auf Bitten ward ich sein; nicht, wie
„Proserpine, durch Schrecken." — So
sprach sie, und widersetzte sich mit weit aus-
gebreiteten Armen. Aber der Sohn Saturns hielt ißt nicht länger seinen Zorn: er
trieb die schrecklichen Rosse fort, und stieß mit
mächtigem Arme seinen Königszepter tief in
den Wasserstrudel. Die verletzte Grundfeste
öffnete die Bahn in den Tartarus, und nahm
den herabrollenden Wagen in ihren Schlund
auf. Cyane, voll Trauer über den Raub
der Göttin, und das entheiligte Recht ihres
Quells, trug schweigend, doch tief in ihrem
Geiste, eine unheilbare Wunde, und ward
ganz in Thränen aufgelößt: sie zerging in

das Gewässer, dessen große Göttin sie gewesen
war. Ihre Glieder erweichten sich, ihr Ge=
bein und ihre Nägel hatten keine Festigkeit
mehr; ihre blauen Haare, Finger, Schenkel
und Füße zerflossen; schnell war der Ueber=
gang der zarten Gliedmaaßen in kalte Wellen.
Schultern, Rücken, Hüften und Brust ver=
schwanden in kleine Bäche, und statt lebendi=
gen Blutes drang Wasser in die entweihten
Adern. Nichts blieb von ihr übrig, was
man anfassen konnte.

Inzwischen suchte die erschrockene Mutter
ihr Kind in aller Welt und durch alle Meere.
Rastlos erblickte sie, Aurora mit feuchten
Locken, und Hesperus. Mit eignen Händen
entzündete sie am Aetna zwei flammenfangende
Fichten, und trug sie unermüdet durch die
thauvolle Finsterniß; als der holde Tag das
Gestirn bleichte, forschte sie vom Sonnenauf=
gange bis zum Sonnenuntergange nach ihrer
Tochter ꝛc.

Durch wie viel Länder, durch wie viel
Wogen sie herum irrte, wäre für diese Sage
zu lang: ihrem Forschen gebrach es am Welt=
kreise. Sie kehrte nach Sizilien zurück; durch=

suchte alles auf ihrem Pfade, und kam endlich
zur Cyane, die, wenn sie nicht verwandelt
worden wäre, ihr alles erzählt haben würde:
aber Mund und Zunge fehlten ihrem Willen;
sie hatte nicht, womit sie reden konnte. Doch
sie gab ihr deutliche Zeichen; und wies ihr den
auf der Wasserfläche schwimmenden Gürtel
Proserpinens, der ihr an dieser Stelle von
ohngefehr entfallen war. Als die Göttin ihn
erkannte und nun auf die Entführung ihrer
Tochter schloß, zerraufte sie ihr ungeschmück-
tes Haar, und schlug wiederholt an ihre Brust.
Noch wußte sie nicht, wo ihre Tochter war: doch
beschuldigte sie alle Länder, nannte sie un-
dankbar, und ihres Fruchtgeschenkes unwürdig; besonders Trinakrien, wo sie die Spuren ihres Verlustes fand. Mit tobender Hand
zerschlug sie die erddurchfurchenden Pflüge; in
gleichem Grimm übergab sie Stier und Land-
bauer dem Tode, gebot dem Acker, daß er
die anvertraute Saat veruntraue, und verdarb selbst das Saamenkorn. Zerstört erlag
die weltberühmte Fruchtbarkeit des Landes;
im ersten Keime schon erstarben die Saaten,
bald von zu vieler Sonne, bald von zu vie-
lem Regen: gierige Vögel fraßen die Aus-

ſaat; Lolch und Diſteln erſchwerten die Wai⸗
zenärndte, ſo wie die unvertilgbare Quecke.

Itzt hob Alpheus Tochter, Arethuſa, ihr
Haupt aus dem Gewäſſer; ſtrich ihr triefen⸗
des Haar von der Stirne hinter die Ohren,
und rief: „Mutter der in aller Welt geſuch⸗
„ſten Tochter! Erzeügerin der Früchte! O ſtelle
„deine unermeßlichen Arbeiten ein; o zürne
„nicht ſo gewaltſam mit deiner treuen Erde!
„Die Erde hat nichts verbrochen: wider Wil⸗
„len ſtand ſie der Entführung offen. Ich
„ſtehe nicht für mein Vaterland; denn ich kam
„hieher als ein Gaſt: mein Geburtsort iſt Piſa,
„und von Elis habe ich meinen Urſprung.
„Als Fremdlingin bewohne ich nun dieſe Hei⸗
„mat: aber werther iſt mir dieß Land, als
„irgend ein anderes; hier habe ich meine Haus⸗
„götter, hier meine Wohnung, die du gnä⸗
„dig erhalten wolleſt! ꝛc. Mir erlaubt die
„Erde meinen Weg durch ſich hinunter; in
„die tiefſten Höhlen hinab verſchlungen; erhebe
„ich dort mein Haupt, und ſehe das unge⸗
„wohnte Geſtirn der Unterwelt. Als ich dort
„unten in den Waſſerſtrudel des Styx fiel, ſo
„ſah ich deine Proſerpine mit dieſen meinen

„Augen. Noch war sie traurig, noch ihr
„Antliz nicht ohne Schrecken; aber doch war
„sie Königin, doch die Größte der dunkeln
„Welt, doch die mächtige Gattin des unter=
„irdischen Tyrannens."

Wie versteinert staunte die Mutter dem
Gehörten; lange war sie wie vom Blize be=
täubt: als aber ihr schwerer Wahnsinn durch
schwerern Schmerz vertrieben ward, flog sie
auf ihrem Wagen in die ätherschen Lüfte.
Dort, mit umwölktem Gesicht, mit zerstreu=
ten Haaren, trat sie großsüchtig vor Jupi=
tern. „Es ist mein Blut, (rief sie:) es ist
„dein Blut, für welches ich fußfällig zu dir
„komme. Findet die Mutter kein Erbarmen,
„so möge die Tochter ihren Vater rühren!
„Laß deine Sorgfalt für sie nicht geringer
„seyn, weil sie von mir gebohren ward!
„Siehe, nun habe ich sie wiedergefunden, die ich
„so lange schon suchte; wenn man den gewissen
„Verlust ein Wiederfinden nennen darf, oder
„wenn es wiedergefunden heißt, wenn man
„blos weiß, wo sie ist. Es sei, daß er sie
„raubte; nur müsse er sie wiedergeben: denn,
„selbst des räuberischen Ehegattens würde

„deine Tochter unwürdig seyn, wenn sie nicht
„mehr meine Tochter ist!"

Jupiter erwiederte: „Ein gemeinschaft-
„liches Unterpfand und Pflicht, ist Proser-
„pine mir und dir: allein, wenn wir der That
„den wahren Nahmen geben wollen; so ge-
„schah sie nicht aus Beleidigung, sondern
„aus Liebe. Mir soll dieser Eidam nicht zur
„Schande gereichen: nur wolle auch du! Alles
„andre bei Seite, — ists nicht wichtig genung,
„Jupiters Bruder zu seyn? Aber, auch alles
„andre wohl erwogen. — er weicht keinem,
„als vielleicht mir. Doch, wenn du solche
„Lust zur Scheidung hast, so mag Proserpine
„wieder in den Himmel zurück kommen; allein
„blos unter der Bedingung, wenn ihr Mund
„dort noch keine Speise berührt hat. So will
„es der vereinigte Rathschluß der Parzen!"

Er sprachs, und Ceres glaubte schon gewiß, ihre Tochter zurück zu führen: das
Schicksal gestattete das nicht. Die Jungfrau
hatte ihr langes Fasten gebrochen, in ihrer
Unschuld beim Herumirren in den Lustgärten,
einen Granatapfel von dem fruchtbelasteten
Baume gepflückt, sieben von seinen Körnern

aus der blaßgelben Schale genommen, und gegessen. Niemand als Astalaphus sah das, den Orphne, nicht unbekannt unter den Avernischen Nymphen, ihrem Acheron in der schwarzen Höhle gebahr. Der Grausame sah es, und vernichtete, durch seine Anzeige Proserpinens Wiederkehr. Da seufzte die Königin des Erebus, und machte den unheiligen Zeugen zum Vogel: mit Wasser aus dem Phlegeton besprengte sie sein Haupt, und verwandelte es in Schnabel, Federn und klotzende Augen. Sich selbst entraubt, wurde er mit fahlgelben Flügeln bekleidet, wuchs nur in den Kopf, bog sich in lange Klauen um, und seine kraftlosen Arme vermochten kaum die wachsenden Kiele zu bewegen. So ward er ein häßlicher Vogel, der Verkünder herannahenden Unheils; eine träge Nachteule, den Sterblichen ein böses Anzeichen rc.

Jupiter aber, im Drange zwischen seinem Bruder und seiner trauernden Schwester, theilte das Jahr mit Billigkeit. Die nunmehrige gemeinschaftliche Göttin beider Reichsantheile, bleibt eben so viel Monden bei der Mutter, und eben so viel bei ihrem Gemahle. Alsbald

veränderte sich das Wesen ihres Gemüths und
ihres Antlitzes; denn ihre Stirn, die zuvor
selbst dem Dis traurig vorkommen mußte,
ward nun heiter; wie die Sonne, vorher mit
wäßrichten Wolken bedeckt, aus den besiegten
Wolken nun hervorgeht ꝛc.

Die fruchtbringende Göttin hingegen,
spannte ihre Schlangen an, bezäumte ihre
Mäuler, fuhr mitten zwischen Erd und Himmel durch die Luft, lenkte den leichten Wagen
nach Tritoniens Stadt zum Triptolemus, und
befahl ihm, das geschenkte Saatkorn theils
auf den noch rohen, theils aber in längern
Zwischenräumen auf den gebrachten Acker zu
streun. Da fuhr der Jüngling hoch über
Europa und Asia, und gelangte bis an Scythiens Strand.

Unterhaltung beym Clavier und Gesang, von verschiedenen Verfassern. Aus dem Bildungs-Journal für Frauenzimmer. Querfol. 793. 20 gr.

Kleine Natur- und Sittengemählde, mit zwey Titelvign. von Malvieur und Doruheim, 2 Theile. 8. 790. 91. 2 thlr.

Große, Carl, Helim oder über die Seelenwanderung, mit einer Titelvign. 8. 789. 16 gr.

Hegrads, Friedr., neue Erzählungen. 1) Der schwere Kampf. 2) Das treue Mädchen. 3) Die verfolgte Nonne, 8. 787. 6 gr.

Ich will Ihnen was erzählen. Ein Schauspiel in 5 Aufzügen; aus dem Engl. der Mistres Inchbald. Mit einer Titelvign. 8. 792. 8 gr.

Ruhestunden, Freunden und Freundinnen des Angenehmen, Nützlichen und Neuen gewidmet. Mit einer Titelvign., 2 Theile. 8. 787-90. 1 thlr. 4 gr.

Fernando und Kaliste. Ein Spanischer Roman. Mit einer Titelvign. von Lips. 8. 792. 14 gr.

www.ingramcontent.com/pod-product-compliance
Lightning Source LLC
Chambersburg PA
CBHW030325270326
41926CB00010B/1511